前言 PREFACE

穷人的孩子早当家，不是一句空话，而是一句教子箴言。艰苦的条件能让孩子理解生活的不易，明白很多问题需要靠自己去解决。这样孩子才会更努力，更自立，更珍惜生命。

在物质水平普遍提高的今天，虽然我们不必苛求一定要让孩子重走我们的“老路”：放牛、打水、割麦，但是也别让孩子太享福。大人什么都替孩子做了，孩子甚至连剥鸡蛋、系鞋带都不会，那他们如何能独立、怎么能成长呢？

人生是由各种不同的变故、循环不已的痛苦和欢乐组成的。如果只会享福，不能受苦，这样的人心理永远不会成熟，他们无法承受自己人生的不如意，更难以立足于社会。从小就与痛苦隔离的孩子，长大以后只会经历加倍的痛苦。现在的家长往往唯孩子是从，对孩子百依百顺，有求必应，爱得毫无底线。他们包揽了孩子的一切，无微不至地照顾他们，原本孩子自己能做也应该自己做的事情，他们都要代劳。他们给孩子提供的物质生活过于优越，甚至超出了家庭的承受能力；他们不给孩子任何接触困苦环境的机会，不让孩子受一点儿委屈；他们的眼里只有孩子的长处和优点，处处为孩子身上的毛病和缺点辩护……在这种教育环境中成长起来的孩子，虽然身体健康、聪明伶俐，但是他们的性格往往是存在缺陷的。他们可能很任性、自私、有依赖性；可能很软弱、霸道、不会与人相处……他们身上各式各样的缺陷，势必会影响他们的一生。

所以说，溺爱是家长送给孩子最可怕的礼物。

从小娇惯孩子的父母，也许并没有想过，溺爱能毁掉孩子的一生。

孩子只有经历了“苦难”这所学校的教育，才能获得实际有用的生存智慧。

所以，吃苦教育，要越早越好。

养儿育女，不仅要让孩子感受到父母的支持和深厚真切的爱，更要让他们体会到父母有为其计深远的智慧。要知道，爱需要自由的空气，需要放手的勇气。

正如雏鹰必须经历跌落的疼痛，才能学会飞翔，孩子的未来同样离不开痛苦的磨砺。所以我们该放手时且放手，该狠心时要狠心，把操心、关心、维护心留一部分在心里，移开遮蔽呵护的羽翼，用正确的方法引导孩子自己去翱翔。只有这样，孩子才能练就一双强有力的“翅膀”。

你现在让孩子吃苦，就是在给孩子铺好通往幸福的路。

本书结合当前的社会环境以及父母望子成龙、望女成凤的迫切心情，针对“让孩子吃苦”这个课题做了深入的研究，通过真实生动的案例，为父母解答了在教养孩子的过程中所遇到的困惑，详尽周到地讲解了如何让孩子科学地“吃些苦头”。只要父母这样做了，孩子必会大受其益，未来少吃很多苦，多享受很多幸福。

现在让孩子吃苦，以后才不受苦

史旭栋／著

中国致公出版社
China Zhigong Press

图书在版编目（CIP）数据

现在让孩子吃苦，以后才不受苦 / 史旭栋著 . — 北京：中国致公出版社，2018

ISBN 978-7-5145-1070-6

Ⅰ.①现… Ⅱ.①史… Ⅲ.①儿童教育—家庭教育 Ⅳ.①G782

中国版本图书馆 CIP 数据核字（2017）第 217648 号

现在让孩子吃苦，以后才不受苦

史旭栋　著

责任编辑：蒋晓舟

责任印制：岳　珍

出版发行：中国致公出版社 China Zhigong Press

地　　址：北京市海淀区翠微路 2 号院科贸楼

邮　　编：100036

电　　话：010-85869872（发行部）

经　　销：全国新华书店

印　　刷：固安县京平诚乾印刷有限公司

开　　本：787mm×1092mm　1/16

印　　张：13.5

字　　数：202 千字

版　　次：2018 年 3 月第 1 版　2018 年 3 月第 1 次印刷

定　　价：39.80 元

目录

CONTENTS

PART03 与其一生为孩子守护，不如让孩子学会自己承担

PART04 教会孩子面对挫折，就是给孩子创造幸福

PART05 幸福的孩子苦着教，再富也要苦孩子

PART 01

溺爱，是最具杀伤力的“爱”

“

对于每个家长来说，

爱自己的孩子，

是人之常情。

但爱过度了，

就会变成溺爱。

溺爱是一种畸形的爱，

也是一种失去理智、

直接影响孩子身心健康的爱。

”

无底线的爱，只会宠坏孩子

很多父母都有这样一套理论：孩子是自己的“掌中宝”，怎么爱都不为过。不可否认，这种舐犊情深的情感是人的本能表现。但是，孩子毕竟要作为一个独立的个体步入社会，假如父母一直无底线地去宠溺他、无条件地去满足他的一切要求，那么孩子步入社会之后，又怎么能从容面对人生路上的风风雨雨呢？

不久之前，我看到了这样一则新闻：一位母亲带着正在玩手机游戏的儿子在眼镜店里买眼镜。因为在接店员递过来的零钱时，母亲的手臂不小心挡住了儿子的手机屏幕，结果这位母亲被儿子一顿暴打。这则新闻看得我毛骨悚然，满心悲凉。每一个孩子呱呱坠地时都是纯净的天使，是怎样的成长过程让这个孩子变成了动辄打骂父母的暴徒？

其实如果我们留意，身边这样的例子并不少。现在的孩子，可以说是全家人的“掌上明珠”，不仅被爸爸妈妈捧着，就连爷爷奶奶、叔叔阿姨也都要宠着他。正是这种娇生惯养的成长环境，使得孩子养成了不考虑是非、盲目向长辈提出无理要求的坏毛病。对于这些无理需求，有的家长为了让孩子高兴会立马满足孩子，也有的家长会半推半就，不说答应也没说不答应，但最终还是顺了孩子的意。

事实上，这两种方法都不利于孩子的成长，只会让无理取闹的情形一再发生。甚至，孩子还会变本加厉，因为在他们的眼里，父母是“懦弱”的，是什么都会答应的。到时候，父母恐怕只有被动和无奈的份儿了。

5 岁的奇奇是其所在小区的“小明星”。为何会有这个称号呢？原因说起来让人有点啼笑皆非——每隔三五日，整栋楼乃至整个小区的人都会听到奇奇在楼道里大哭，而且一哭就是半个小时以上。时间久了，大家差不多都认识了这个爱哭且嗓门特别大的小男孩。有熟人问起奇奇大哭的原因，奇奇的妈妈无奈地说道："奇奇喜欢变形金刚，经常要求大人给他买各种新的变形金刚玩具，不给买就要脾气。"

有一次因为买玩具的事情奇奇跑到楼道里大哭，家人觉得外人听到不太好就妥协给他买了。结果从那之后，奇奇便学会了这个招数，一旦有要求被大人拒绝，就跑到楼道里坐在楼梯上大哭。

几次之后，奇奇的父母觉得不能总由着他的性子来，却又不知道怎样让他不哭闹，干脆"冷处理"——任由奇奇在楼道里大哭。但奇奇脾气比较执拗，有时候甚至能哭上半个小时。为了安抚哭闹不止的奇奇，父母只得在"冷博弈"中败下阵来，每每以满足奇奇的要求而告终。

为此奇奇的父母也很头疼，孩子一天天长大，要是一直这么下去，大了可怎么办？

奇奇的这种情况其实在大多数的中国家庭里都存在。很多家长总认为孩子年纪小、不懂事，长大就好了。其实并非如此。对于孩子来说，无底线的爱只会让他们变得越来越任性。

对于孩子提出的那些不合理要求，父母应该明确地表明立场，认真拒绝孩子，绝不能纵容他们任性的毛病。其实，拒绝也是教育方法中很重要的一点。从小就生活在"顺心如意"之中的孩子，往往难以树立起正确的挫折观和价值观，这对孩子的健康成长和长期发展是非常不利的。

不要觉得满足孩子就是爱孩子，相反，这恰恰是将孩子"往火坑里推"。在溺爱中成长的孩子更加脆弱，在面对人生中的困难时，他们会更容易往消极方面想。他们对"权利"的理解和普通人也不一样，这在他们日后的工作和人际关系上都能够表现出来——没有真正的友谊，也得不到他人的尊重。

那么，作为家长该如何去适度地把握对孩子的爱呢？最重要的就是学会拒绝。拒绝孩子是一门艺术。我们当然不能只是冷冰冰地打击孩子，以下几个技巧，父母不妨灵活掌握：

首先，我们要认识到适当地拒绝孩子，只要注意方法技巧，就会大有裨益。适当拒绝孩子不但不会伤害他们的自尊心和幸福感，使他们产生怨恨，反而能够树立父母的威信。

其次，一旦说“不”，就要坚持下去。父母拒绝孩子的不合理请求后不能出尔反尔，即便发现有不妥，也可以以后弥补，但不要当场反悔。特别不要因孩子撒娇哭泣就改变决定，否则孩子下次还会通过这种方式获得他们想要的，并养成习惯。

当然，父母拒绝孩子的目的不是为了赌气，所以在拒绝孩子之后，父母必须向孩子做出解释。这样一来，孩子就会感到自己受到尊重，不但更容易接受父母的决定，还能学会理解和支持父母。

不可否认，在拒绝孩子的过程中，孩子会出现短暂的不快和难过。但是从长远来看，这有助于孩子形成正确的认知，让他们在未来遭遇挫折与困难时能够从容面对。父母对孩子爱得适当，爱得合理，才能使孩子得以健康成长。

对孩子百依百顺，孩子会变得我行我素

在繁华步行街上的一间手机店内，有一位带着女儿来买手机的父亲格外引人注目。父亲一身体力劳动者的穿着打扮，虽然穿得整齐干净，但是那双骨节粗大的手看着就是常年劳作的结果。与他形成鲜明对比的是，他身旁的女儿衣着时髦，看起来像是在校大学生。她一直守在苹果手机的柜台前与店员热切地沟通着。最终女孩买了一台最新款的苹果手机，拿到手之后她就迫不及待地开始低头摆弄手机，脸上挂着满足的笑。她身旁的父亲自始至终都未曾露出过笑容，结账时拿出的钱也是皱皱巴巴的，甚至有很多小面额的零钱。而这个如愿以偿买到苹果手机的女孩，始终都不曾看过父亲一眼，所有的注意力都在手中的新手机上……

我无法理解的是，这个女孩为何自始至终都不曾看她的父亲一眼？她只需要一个回头，就可以看到父亲眼里深深的无奈和沉重。但是她没有，她完全沉浸在自己的世界里，我行我素，仿佛手里的苹果手机就是她的一切。

相信绝大多数家长看到这个场景，都会觉得心酸不已。不是为这个父亲艰辛的生活，而是为他不惜一切满足女儿的要求却换不来女儿一个关注的眼神。

在如今这个物质高度发达的社会，孩子缺乏生活常识和经验，更没有体验过生活的艰辛，因此，经常会有孩子对家长提出一些不切合实际的要求。作为父母，首先要理智对待这些要求，对于孩子那些正确的、合理的要求，可以满足孩子；而对于那些错误的、不合理的要求，一定要讲原则，一定要有自己的底线，无论如何也不能答应。爱孩子其实也是一门学问，只有对孩子具有积极意义的爱才是真正的爱。

现实生活中，有相当一部分家长在有意无意之间曲解了“爱”这个字眼的含义。在这些家长看来，爱就是给予，孩子要什么就给什么，对孩子的要求百依百顺就是真的爱孩子。可我要说的是，这不是爱，这只是对孩子物质享受的一种满足。真正的爱应该是发自内心地关心孩子、帮助孩子、引导孩子，让其在感受到亲情的同时学会做人的方法和原则，而这个过程绝非金钱所能代替的。

法国哲学家卢梭说过：“你知道用什么方法一定可以使你的孩子成为不幸的人吗？这个方法就是对他百依百顺。”我希望每一位家长都能记住这句话。诚然，孩子的成长需要父母的关爱和引导，但爱孩子并不是对孩子百依百顺，让孩子想怎样就怎样。久而久之，孩子稍不如意就会选择用自己的方式去跟家长对抗，最后导致孩子在家里我行我素，并养成依赖性强、自理能力差的毛病，甚至经受不起一点儿打击和挫折，最终酿成悲剧。

如今，有不少父母由于溺爱孩子，对于孩子的要求全都尽力满足。殊不知，这只会让孩子觉得，自己不赚钱，父母也不会让自己没钱花；自己不整理房间，父母也会帮着整理……原本是父母的一片好心，反而让孩子滋生了不劳而获的思想，从而贪图享受、自私自利。这样的孩子长大了也不会辛勤劳动，甚至还有可能走上犯罪的道路。相反，只有那些从小勤奋踏实的孩子，长大后才会通过正当的渠道，努力实现自己的梦想。

我有个朋友是一家养殖企业的老总，身家几千万。一次聚会时大家相互分享教育子女的心得，他也向大家分享了他对子女的教育理念，归结起来其实就一句话：凡事靠自己，不要靠父母。

作为当地小有名气的成功人士，朋友向两个儿子讲得最多的，就是那些继承了父亲财富的“富二代”，经常被曝出因挥霍无度而最终破产的新闻。在他看来，自己的孩子绝不能做“富二代”，而要做“创二代”。为了实现这个目标，他跟孩子们之间建立起了一套苛刻的“借钱理论”——在朋友的家里，孩子 18 岁之后跟他取用的每一分钱，包括学费，都要打借条。朋友的小儿子就曾跟我说过，他在公司里有一张借款清单，记录了他所欠的学费等费用。现在他必须每月从工资中扣除一部分用来“还债”，像还银行贷款一样，还要算利息，毫不含糊。

最初面对孩子的不理解，朋友的态度很坚决。他认为：“你给孩子买豪车，你这是为孩子好吗？他不经过创业，他怎么能懂得爱护员工呢？他没有拿过一个月3000块钱的工资，怎么能够知道3000块钱该如何生活？怎么按揭房子？他必须要亲身经历才能体会得到。”

朋友的两个儿子都先后被他派到公司最艰苦的部门去锻炼。在朋友的教育理念的培养之下，他的两个儿子都取得了非常大的进步和成就。兄弟二人为人谦恭有礼，从没有那些“富二代”身上的浮夸和我行我素的特质，而且在公司的业绩也节节攀升，为公司创造了可观的效益。

所以，要想让你的孩子成为一个有担当、有作为的人，首先就要让他懂得放弃不劳而获的思想，并将不劳而获看作一种耻辱。同时，父母应该多培养孩子爱劳动的意识和习惯，不要平日里对孩子百依百顺，满足他们的一切要求，而是应该让孩子具备热爱劳动的品质，从而自觉抵制不劳而获的思想。

有的父母会以为，拒绝孩子的要求，孩子就会觉得父母不爱自己，因此造成隔阂。其实，这种担心是没有必要的。只要父母采取了正确的方法，坚决地拒绝了孩子的无理要求，反而是对孩子的一个约束——让他明白什么是可以满足的，什么是不可以满足的，从而有利于孩子的健康成长。

处处为孩子辩解，孩子会不知错误不悔改

公园里，一群孩子在一起玩耍，A小孩突然把B小孩推倒了，B小孩哭了起来。B小孩的家长赶紧过来询问情况，并教育A小孩：“你怎么回事？怎么能用这么大力气推别人呢！摔伤了怎么办？”这时A小孩的家长也赶来了，看到自己孩子被别人教训，心里马上就不平衡了，脱口而出：“小孩子一起玩嘛，不知轻重，推一下有什么关系，不是也没摔伤嘛，真是小题大做。再说，你家孩子不推我们，我们能推你们嘛？”就这样，一幕小孩玩耍引发大人冲突的闹剧上演了……

这是生活中我们经常会看到的场景，很多家长会觉得，小孩子嘛，没轻没重，一起玩难免会有矛盾，计较那么多干什么？但是这些家长都忘了一件事情，那就是——要让孩子意识到错误，并且去改正错误。

在与其他的孩子发生摩擦、矛盾时，有些家长总是觉得自己孩子不吃亏就行，却没有反省孩子的行为是否冒犯到别人，总是以孩子小，不懂事来推脱责任。但是我们要明白，孩子是家长的影子，如果在遇到事情时家长首先想到的是如何去辩解才能推卸责任，那么可想而知这会给孩子的认知观念带来怎样深远的影响。

一位国外著名的教育家说过这样一句话：“必须教育孩子懂得他们不同的一举一动能产生不同的后果，那么随着时间的推移，孩子们一定会学得很有责任感的。”所以说，在孩子成长的过程中，家长必须懂得“让孩子学会勇于承担自己本该承担的责任”的道理，这对孩子的现在和未来都有着深远的影响。

教育孩子的过程中，最忌讳的事情就是在孩子遇到麻烦或者冲突的时候，父母

对孩子说“是某某不对”“这不是你的问题，都是他们的错”等助长孩子逃避责任的话语。父母应当试着对孩子说：“如何与某某相处是你自己的选择，你应该为你的选择负责。”两种不同语意的回答会对孩子产生不同的教育效果：前者会强化孩子的错误观念，即认为他人应该为自己负责，让孩子愈发以自我为中心，变得目中无人；而后者则教会孩子树立“担责”意识，学会为自己的选择承担后果。

有的父母认为，由自己来替孩子收拾残局，是因为孩子还没有独立承担责任的能力。于是他们会亲自找到与自己孩子发生冲突的孩子，替自己的孩子赔礼道歉，或找到对方父母，希望通过成年人之间的方式来解决问题。然而，这么做真的就会起到良好的效果吗？恰恰相反。有时候，明明是孩子之间的冲突，经过父母这么一折腾，反而变成成年人间的冲突了。

当孩子遇到问题或冲突时，最好的办法莫过于把解决矛盾的责任和权利留给孩子，让他自己想办法解决。虽然孩子能力有限，思想也不够成熟，但他们必须有勇气做各种尝试，学习各种方法，使自己适应并能融入社会群体中。

也许在这个过程中，孩子会遭遇打击，但这是每个孩子都必须经历的过程。因为总有一天，他们会走入真正的社会，那时遇到的各种问题和冲突比现在要复杂得多，父母不可能永远跟着孩子。所以，为了孩子的将来，父母应该及早放手，不要遇事先想着如何替孩子去辩解，而应让孩子意识到自己的责任和错误，让他们勇敢地学会自己解决问题。

当然，想要让孩子敢于独立承担责任，父母就必须以身作则。父母是孩子的榜样，自己尚且做不到敢于承担，那么就没有资格来要求孩子。父母必须意识到，自己要对家庭和社会负责，只有这样，孩子才能敬佩父母并效仿父母。

人前一味夸孩子，孩子会自我膨胀

很多父母都赞同以称赞和夸奖的方式来帮助孩子进步，这样的观念已经成了全球育儿的新趋势。越来越多的父母认为，赞扬会帮助孩子树立自信，从而取得成就。就连大名鼎鼎的英国《每日邮报》也曾报道：“表扬已成为现代育儿方法中的一剂万能药。”

但是，父母也别忘了“物极必反”这个成语。假如父母没有用好“赞扬”这个鼓励孩子的手段，那么所谓的“万能药”就会起到反作用，变成一剂“毒药”。我们在生活中经常会看到一些家长时刻都不忘用赞扬和夸奖来鼓励孩子，尤其是在公众场合和外人面前，更是抓住一切机会去赞扬和夸奖孩子。这其实对孩子的成长是非常不利的。因为，父母这样做容易使孩子产生骄傲甚至虚荣心理，渐渐形成自傲的性格特征。

曾经在一个育儿论坛里看到很多家长的困惑：自己的孩子本身脑子很聪明，就是学习不认真，成绩一直不理想。其实，正是家长在日常生活中不知不觉用“你很聪明”的这种思维给孩子洗了脑，才让孩子总是自我感觉良好，觉得不必像其他同学那样辛苦努力就可以掌握老师讲的知识，从而缺乏努力和奋斗的决心。这就应了那句古话：“聪明反被聪明误。”不正确的认知以及盲目的夸赞，导致这个父母口中“聪明的孩子”却总也考不出好成绩。

琪琪从幼儿园大班时就开始学轮滑，因为她身体协调能力很强，轮滑技术进步很快，经常被轮滑教练当作榜样夸奖。琪琪的妈妈更是为此骄傲不已，每次琪琪跟其他小朋友一起活动时，都会带着轮滑鞋。琪琪会在妈妈的授意下表演轮滑，妈妈每次都带头夸赞琪琪轮滑滑得好。夸赞听得多了，琪琪有些飘飘然。

后来琪琪上了小学，认识了更多的新同学。琪琪发现，原来很多同学都喜欢轮滑。更让琪琪感到开心的是，学校还专门开设了轮滑课。对自己的轮滑技术相当自负的琪琪觉得自己又可以大展身手了，然而她很快发现，同学中轮滑技术比她好的居然大有人在。因为没有超群的轮滑技术，轮滑老师也没有像幼儿园的老师一样对琪琪另眼相看。琪琪对轮滑的热情一下子降低了很多，甚至开始讨厌轮滑了。琪琪妈妈为此也困扰不已。但是不管妈妈怎么劝，琪琪再也没有从前穿着轮滑鞋英姿飒爽的自豪模样了……

这就是滥用夸奖带来的另一个弊端。赞美的确能够让孩子拥有自信，但是过度的夸奖则可能成为孩子前进路途中的障碍。“骄傲使人落后”是我们人尽皆知的道理，可是在现实生活中，当一些孩子取得较好的成绩之后，他们的父母唯恐别人不知道自己孩子的优秀之处，总是喜欢到处夸奖自己的孩子。殊不知，这样的做法很容易将孩子本身的潜能扼杀掉，让孩子变成一个碌碌无为的人，从而毁了孩子的一生。

为什么会这样？这是因为孩子品质的养成并不总是与表扬同步增长。习惯性地接受表扬，会导致孩子对表扬的依赖，无论做什么事情，目的就是为了得到表扬。而司空见惯、唾手可得的表扬，又可能会使孩子对表扬无动于衷，从而逐渐失去对完成各种任务的兴趣。这绝不是危言耸听，有相关组织做过跟踪调查和实验。结果表明，小时候因为对人慷慨大方而总是受到表扬的人长大后会变得更加吝啬和冷漠。

孩子习惯了被表扬，有时候遭受了一点失败或挫折后，就深感自卑、沮丧。甚至消极的态度就像龙卷风般顷刻间席卷他们的心灵，让他们从此一蹶不振，甚至失去生活下去的勇气和信心。

因此，作为家长，一定要明白夸赞不可滥用。在适当的时候，可以用夸赞来培养孩子的积极性，肯定孩子的努力，鼓励孩子朝着更高的目标迈进。但是切记要把握一个度，任何事情如果过度，结果必然是适得其反。

从不纠正孩子的是非观，会使孩子不能明辨是非

曾经有一个小男孩给我留下了深刻的印象。他是我家孩子的同学，因父母有事外出暂时把他寄托在我家里过周末。我在看电视，两个孩子就在我的脚边玩着玩具。期间电视上播出了一则新闻，说的是一户人家由于过度装修，导致孩子患上了白血病。病房里小孩子楚楚可怜的样子吸引了两个孩子的注意。在给他们讲解了电视里的小孩子为何会患上白血病之后，这个小男孩突然说了一句让我震惊不已的话：“房子装修好了可以先租出去给别人住嘛，过段时间装修的味道散得差不多了再自己搬进去住。”

一个刚上小学的孩子，怎么能够说出这样一句话呢？我忍住吃惊的情绪，轻描淡写地问他：“你怎么知道这个办法呀？”小男孩的回答印证了我的猜想——他家不久前装修好了房子之后，他的父母就采用了这样的方法。

正所谓“孩子是父母的影子”，我顿时对这个男孩的父母有了别样的看法。其实在生活中，我们经常会遇到这样的家长和孩子。作为家长，他们自己的是非观和价值观就不正确，更不要说去纠正孩子的错误观念了。这就导致孩子在遇到一些问题的时候，连基本的是非分辨能力都没有。很难想象这样的孩子长大之后会变成什么样子。一个孩子如果连最基本的是非观都无法建立起来，成年之后他的人生之路会怎样发展，可想而知。

著名教育家苏霍姆林斯基说：“真正的教育者不仅传授真理，而且向自己的学生传授对待真理的态度，激发他们对于善良事物受到鼓舞和钦佩的情感，对于邪恶

事物的不可容忍的态度。”这句话的意思就是告诫我们要培养孩子正确的是非观，让孩子具备明辨是非的能力。如果是非不分，学坏是很容易的。家长如果能做到三观正确，并且经常用扬善抑恶的是非观念去教育孩子，就会使孩子逐渐提高明辨是非善恶的能力，并且成长为道德高尚的人。

如今我们在各种媒体上经常会看到一些孩子在公共场合行为不恰当的新闻，这些事例中无一例外的是孩子的父母缺乏公德心甚至明辨是非的能力：当自己的孩子出现危险动作或妨碍到他人的行为时，他们没有立刻出面制止，而是纵容其为所欲为；当孩子因为不恰当的行为被他人指责时，他们首先想到的是如何反击，如何挽回面子，而不是真诚地向他人道歉，改正自己的错误。要知道，孩子在成长的过程中，最先给他们树立是非观念的人是父母。现在很多家长都把孩子的教育重心放在了成绩上。只要孩子考试分数高，其他的一切问题都不是问题，甚至连是非观念、道德感及责任心等最基本的人格因素都被一些家长忽略掉了，这是极其愚蠢的做法。

孩子是一张白纸，他们内心深处道德行为的形成，以及对是非好坏和善恶的认识、辨别，都依赖于潜移默化的学习和影响，而在这个过程中家长起着最主要的作用。如果一个孩子有了辨别是非善恶的能力，那么他就具备了形成良好的道德品质的基础。明辨是非可以说是一个人社会属性的基础，也是作为家长首先应该重视的问题。

要知道孩子没有成年人的心智，很多时候，他们并不会意识到自己的行为是否恰当。作为家长，应该帮助孩子从小建立正确的是非观念与行为习惯。很多家长都有这样一个误区——认为孩子年纪还小没关系，长大了慢慢就懂事了。殊不知一旦孩子养成了不良习惯，便会积重难返，等到这些不良习惯影响到孩子的性格和人生观之后，就很难再通过教育改变了。

我们发现，生活中那些能够明辨是非的孩子，他们自律的能力往往要优于其他孩子。对于这样的孩子而言，他们心里知道什么事情是应该做的，懂得自我约束和自我规范，这恰恰是自律的表现。所以，家长不仅要注意“身教”的力量，还要注意“言传”，培养孩子分辨是非的能力，让孩子自觉地规范自己的行为，把孩子培养成“晓事理明是非”的人。

培养一个有正确是非观的孩子，对于家长来说，言传和身教都是非常重要的。家长不但要以身作则，还要时刻督促孩子，更要注意去影响孩子，让孩子在耳濡目染、潜移默化之中自然而然地接受正确的是非观念，拥有责任感和明辨是非的能力。

纵容孩子的不良习惯，会让孩子养成一身臭毛病

冰冰已经上小学四年级了，性格却突然变得十分“古怪”——老是一副懒懒散散的架势，全然没有这个阶段孩子该有的那种机灵劲儿。有几件事最能表现冰冰的懒散——

早上起床，冰冰明明可以自己穿衣服、叠被子，但她就是不自己动手，非要妈妈帮忙；妈妈叫冰冰做一些简单的家务时，说了几遍她都不动弹，而是窝在沙发里一边看电视，一边喊着累；爸爸带冰冰去体育馆做运动时，冰冰没玩一会儿就会找个凳子坐下来开始发呆；课堂上，冰冰的状态总是很被动，经常不知道老师问的是什么问题；下课后，冰冰也总是完不成老师布置的作业。

活泼好动本是孩子的天性，为什么冰冰却显得那么懒散，对什么事都不积极、不主动、不勤奋呢？为此，爸爸妈妈没少批评冰冰，也给她讲过好多大道理。冰冰总是一个劲儿地点头说改，可是没过一两天又恢复原样，还很委屈地说：“唉！今天我好累啊！明天我再做吧。”

“这个年纪应该正是活泼爱动的时候呀，冰冰怎么就这么懒呢？这样的习惯要是长大还改不掉，那后果简直不堪设想。”爸爸妈妈感到很无奈。

冰冰这种情况，归根结底还要从家庭环境中找原因。

孩子之所以懒惰，主要是因为父母太“勤快”了。有些家长对孩子过分娇纵，大包大揽，主动为孩子承担起一切杂务，让孩子过着“衣来伸手、饭来张口”的生活。即使孩子因为好奇，想参与劳动或干点儿有意义的事情时，有的家长也会因为

怕孩子做不好或者弄坏东西、弄脏衣服而加以制止。为了不耽误孩子的学习时间，有些家长甚至限制孩子做读书学习之外的事。这样的家庭，在现实中比比皆是。

如果家长对于孩子的日常事务过于“勤快”，事事包办，最直接的后果就是导致孩子缺少上进心。我们知道，上进心是人生前进的动力。缺少上进心的孩子做事容易满足，得过且过的思想很严重，结果总是处于一种被动状态——明明知道某件事应该去做，甚至应该马上去做，但要是没有人逼着自己，就懒得去做，甚至硬挺着不去做；或者做事时对自己要求不高，常抱着“应付”和“混过去就行”的态度，一副懒懒散散、无精打采、死气沉沉的样子。

这样的孩子，不仅在生活上如此，在学校中往往也会表现出异于其他孩子的懒散。这类孩子的注意力不会太集中，懒得动脑筋思考问题，懒得主动回答问题。在课堂发言时，他们会想：反正我学习成绩差不多就可以了，我不举手发言，也会有人说出正确答案。

作为家长，一定要意识到这种问题的严重性。如果在孩子身上发现这些不好的习惯，就一定要及时寻找问题的根源，从根本上解决问题。冰冰的情况其实并不是很严重，只要父母注意让她适当地做些力所能及的家务，比如自己整理自己的衣服床铺，自己安排学习时间等，就可以改善冰冰的状态。但如果父母继续纵容冰冰的懒散，那么冰冰长大后或许就会成长为一个做事缺乏耐性、毫无自理能力的人。到那时，父母再想管教她恐怕已为时晚矣。所以家长对于孩子身上表现出来的不良习惯，一定要及时应对，争取在萌芽状态下处理掉，以免将来孩子一身臭毛病，惹人生厌，甚至出现更严重的问题。

不让孩子受一点儿委屈，孩子会心胸狭隘没气量

在当今“6+1”的家庭模式中，作为家庭中心的孩子每每获得了一点点成就，家长们就极力地鼓励和表扬孩子。但是，家长们慢慢地发现，在赞美声中长大的孩子却越来越受不起挫折。

芳芳有一个幸福的家庭，爸爸疼她、妈妈爱她，还有爷爷和奶奶更是事事依着她，生怕她受一点儿委屈。可以说，芳芳过着“公主”般的生活。只要她摔倒了，刚哇哇一哭，奶奶就会小跑着过来将她扶起来，轻声地安抚她；如果芳芳说：“我想吃西瓜”，那么不管跑多远，爸爸都要去买回来给她吃……

可是就在最近，爸爸妈妈却特别发愁。原来，芳芳自打上了小学，几乎天天都是号啕大哭着回来。家人追问她为什么哭泣时，她就抽抽搭搭地表示自己“挨欺负”了——今天有小朋友抢她的橡皮了，明天又有小朋友踩她的鞋子了，总之所有的倒霉事仿佛都被她赶上了。

爸爸知道，芳芳从小被娇生惯养，因此养成了软弱的性格，所有挫折对于她来说都是一场“灾难”。在家里有人迁就她、护着她，没有使她形成自己争取的意识，遇到问题时没有解决方法，所以在学校里碰到一丁点儿的小事，就只会哭泣。于是，爸爸紧急召开了一个家庭会议，决定给芳芳改变环境，让她从“温室”里走出来。

这天，芳芳放学回家，又委屈地哭了起来：“妈妈，小强抢了我的新橡皮，小鸭子那块。”

“嗯。”妈妈只顾着收拾饭桌。

芳芳惊讶地看着妈妈。平时，妈妈一定会说：“别哭，妈妈给你买块新的。”可是今天妈妈却对自己不理不睬，于是她心里一难受，哭得更伤心了。

爸爸听到哭声从书房里走出来，对芳芳说：“别什么事情都靠家人，你自己去找他要回来。”

妈妈和爸爸的异常表现令芳芳很奇怪，她渐渐止住了哭声。

吃饭时，芳芳趴在桌子前等着妈妈跟她说橡皮的事，她想，妈妈一定会买块新的给她。可是妈妈只说了声，“快吃饭吧！”

“哼！我找老师去，不要你买！”芳芳抓起筷子，赌气似的夹了一块豆腐塞进嘴里。

第二天回家，芳芳高兴地拿着她的小鸭子橡皮给妈妈看。“我找到老师，老师批评了小强，他把橡皮还我了。”

“芳芳真能干，好样的！”妈妈摸着芳芳的小脑袋柔声地说道。这件事之后，芳芳好像变得坚强了许多，遇到事情开始自己处理，而不是总想着找爸爸、找妈妈了。

生活中的很多父母，不敢放手让孩子大胆尝试，总怕孩子遇到困难、挫折，受了委屈。殊不知，对于孩子的性格形成和长期发展来说，受一些委屈是很有必要的。终有一天，孩子会长大成人，走出家庭，独立生活在这个社会中。那时候，孩子必然要独自解决所遇到的问题和麻烦，甚至有些时候，受了委屈也只能自己默默忍受。

所以，在孩子个性特征尚未完全形成的幼年时期，父母有必要让孩子去尝试一些力所能及的事情，为孩子自己解决问题创设一定的条件和机会。父母要让孩子学着如何去面对问题，处理问题，哪怕孩子在这个过程里受了委屈也不要插手，要让他们独自去面对。在日常生活中，家长们可根据自己孩子的特点和具体情况来引导和规划。比如，给孩子报名参加一次夏令营或其他的野外生存实践班，增强孩子独立生存的意识；在孩子做某件事失败的时候不予帮助，只教给孩子正确的应对方法；在孩子摔倒的时候不去搀扶，而是鼓励孩子自己站起来，等等。

此外，家长自身还要做好表率作用，要让孩子看到父母在面对困难和挫折时没有逃避和退缩，而家长积极上进的信心和勇气也会感染到孩子。

总之，教会孩子面对挫折、战胜挫折并非一朝一夕可得，而是要顺应孩子的发展规律，结合生活实际进行引导。父母尤其应该大胆地放手，让孩子从小就学会承受人生风雨的磨炼，让孩子知道生活并非一帆风顺，很多美好的东西都是要靠自己的劳动和努力才能得到的，从而使孩子能够在今后的成长道路上从容地面对遇到的各种挫折，学会用积极的态度去看待人生、享受人生。只有这样，孩子才能感受到真正的快乐，才能健康地成长。

不会对孩子说“NO”，孩子会没规矩没原则

对于女儿蕾蕾最近的表现，秦女士可谓是伤透了脑筋。6 岁的女儿总是提出一些不合理的要求。比如，她已经有好几套芭比娃娃了，却仍不满足，黏着妈妈说：“妈妈，我想要一套新的芭比。”

秦女士不想答应，就说：“你不是都有 3 套了嘛，不能再买了。”谁知，蕾蕾根本不听妈妈的话，依旧哼哼唧唧地软磨硬泡：“不嘛，妈妈，我就要新的，我就要芭比，你给我买。”

秦女士忙着做家务不理她。看着自己的办法对妈妈没用，蕾蕾委屈地哭了起来，声音越来越大。秦女士只好回过头哄她：“别哭了，别哭了，明天让爸爸给你买还不行嘛！”

第二天一早，蕾蕾趁爸爸出门前赶紧起床，并提醒爸爸别忘了给她买芭比娃娃。爸爸把蕾蕾叫到跟前，看着女儿说：“你都有 3 套芭比娃娃了，等你玩旧了我们再买新的好不好？”

爸爸的话刚说完，蕾蕾就哭了起来。爸爸继续说：“如果你的要求是合理的，我和妈妈都不会拒绝。可你这个要求根本就不合理，所以我们不会接受你的要求，你听明白了吗？”蕾蕾看着爸爸认真的样子，不敢再任性下去，她气呼呼地走开了。

秦女士埋怨丈夫：“你这么严肃干吗？把孩子都吓着了。”而蕾蕾的爸爸却说：“有时候咱们就要学会对孩子说‘不’，合理的要求一定会尽量满足，而那些不合理的要求就要果断地拒绝。”

不可否认，现代家庭由于多是独生子女家庭，好几个大人围着一个孩子转，使得许多孩子被娇生惯养，想到什么就立刻要什么。有些家长为了让孩子高兴，会立马满足孩子；也有的父母则会半推半就，不说答应也没说不答应。上述这两种做法，我们都不提倡，因为父母如果不果断拒绝孩子的无理要求，就会助长孩子的任性情绪，使孩子变得越来越没有规矩、没有原则。

面对孩子提出的无理要求，父母一定要态度坚决而明确地向孩子表明自己的态度，让他知道这件事父母不允许做。可是在孩子提出的某些不合理要求面前，很少有家长会明确地表明立场，认真拒绝孩子，就像上面案例中的秦女士一样。其实，拒绝也是教育方法中很重要的一点。作为家长，不管怎么爱孩子，也要学会在孩子面前说“NO”，否则孩子根本就体会不到什么是规矩什么是原则。这对于他们的成长是极为不利的。

父母要清楚，你毫无底线地纵容孩子的无理需求，并不是真的爱孩子，相反等于给孩子送了一颗“定时炸弹”，让他的未来充满了诸多不确定性。不要以为爱就是无条件的奉献，那是盲目的爱、不理智的爱。让孩子在爱中学会理解父母与他人，这样孩子才能走得更稳，走得更远。

俗话说“无规矩不成方圆”，在教育孩子方面也是同样的道理。父母如果缺乏给孩子树立原则的意识，就无法对孩子进行正确的教育和引导。当孩子提出不合理的要求时，父母不要出于迁就而妥协退让，也不要像上面故事中的秦女士那样模棱两可，优柔寡断，从而给孩子以可乘之机。正确的做法是，父母应对孩子不合理的要求予以斩钉截铁地回绝，且不留任何商量的余地。否则的话，不但无法为孩子树立规则意识，反而还会助长孩子在被拒绝时无理取闹的心态。

曾经有一则新闻，说的就是一对夫妇老来得子，对孩子极为娇惯宠溺，从来不敢在孩子面前说半个“不”字。结果，孩子自幼就形成了横行霸道的个性，长大之后更是飞扬跋扈。父母的溺爱，使这个孩子逐渐沾染了好逸恶劳、追求享受的恶习，他沉迷于网络世界无法自拔，干脆退学日日混迹于网吧，最终沦为社会闲散人员，后因偷窃而进了监狱。

为了孩子的未来，为了家庭的幸福，父母一定要学会给予孩子正确的爱。对于孩子提出的不合理要求，一旦说出了“不”字，就要坚持下去。只有这样，才能走出溺爱的误区。

事实上，拒绝孩子的实质不是拒绝孩子本身，而是就孩子某些不合理要求提出否定，父母通过正确的引导，为孩子树立规则意识及正确的是非观。这样，孩子在未来的发展道路上，才能够走正道，做一个正直的人。

PART 02

父母大包大揽，孩子断奶无了时

“

导致孩子不能独立的主要原因，

是父母为孩子包揽一切的做法。

因为父母包揽了一切，

孩子从小缺乏必要的生存技能训练，

所以长大以后依赖性强，

不具备自主和主动意识，

缺少必要的生存能力。

”

包揽，是对孩子参与权与发展权的剥夺

在生活、学习条件日益改善的情况下，心理脆弱已成为当今孩子较为普遍存在的心理问题。据调查，目前我国有46%的孩子在家庭和学校表现出脆弱倾向。

专家指出，现在的孩子大多是独生子女，爸爸妈妈生怕委屈了孩子，在很多事情上都小心翼翼。孩子能做的事不让做，孩子能参加的活动不让参加，长此以往，孩子好奇、好玩、敢于冒险的天性慢慢被泯灭，从而养成了胆小的习惯和懦弱的个性。

3岁的明明开始对模仿大人做家务产生了兴趣，吃完饭他就很积极地帮大人收拾碗筷，结果不小心将碗和筷子一起掉在地板上。好在不是瓷碗，明明没有受伤，只不过把汤水撒了一地。妈妈见状，赶忙把明明拉开，边擦地板边心疼地说："宝贝，你现在还小，还不会帮妈妈做家务，这些活让妈妈干就行，你只管吃饭饭长高高就好啦，快去玩吧。"明明只好点点头。

像明明妈妈这样的家长，在我们的生活中比比皆是——孩子的鞋带开了，家长忙蹲下来给孩子系鞋带；孩子上学，家长帮孩子背着书包；带孩子去居住小区的游乐场玩耍，大人帮孩子拿着并不算太大的玩具……父母在不知不觉中剥夺了孩子独立成长的机会。更糟糕的是，家长这种"包揽"的行为还有可能使孩子产生自己无能、愚蠢的观念，导致孩子自信心不足。这对孩子来说是一种无形的伤害。

我曾经看到过这样一位妈妈，每天背着8岁的儿子上学，由于担心被老师看见，便在离学校几十米远的地方，不情愿地把孩子放下来，让孩子自己走到校门口，给老师营造出一副“孩子自己来上学”的假象。如此被家长呵护的孩子，长大后又能具备什么独立自主的生存能力呢?

然而，现实中像这位妈妈一样过分溺爱孩子的家长并不少见。他们以爱孩子的名义，替孩子安排好了一切事情，以为这样做就可以让孩子无忧无虑地成长。殊不知，这种做法从无形中剥夺了孩子的参与权和发展权，使孩子形成了一种对父母或权威的依赖心理，以至于孩子成年以后不能自主做决定、缺乏自信心、在工作中无法承受压力、遇到问题时没有担当，从而形成典型的依赖型人格。而具备这些性格特征的孩子是无法在事业和人生上取得更大成就的。

作为父母，要想让孩子成才成功，就要根据孩子自身的特点和能力，扩大孩子自由活动的空间，而不是事事包办，越俎代庖。没有不爱孩子的父母，但是爱怜不能缺乏理智，不能爱得太盲目。

身为父母，只有早日放手，让孩子学会自己照顾自己，让孩子学会自己走路，才是最明智的选择。比如，如果孩子要求切菜，那么父母不必因担心他会割破手指，而拒绝孩子的要求。只需在一旁指导他，让他通过正确的方式练习就可以了；如果孩子房间乱了，父母不要伸手过来帮忙，而是试着让孩子自己打扫自己的房间。作为家长，主动去培养孩子的独立能力，这才是真正的爱孩子。

“巨婴”很可怕，缺乏独立意识的孩子永远长不大

在孩子成长的过程中，父母面临的一个重大问题就是如何让孩子成为一个独立的人。作为家长，我们一定要正视培养孩子独立意识的重要性。如果家长们只是一味地满足孩子的需求，那么孩子一旦脱离家庭，在社会上受到一点挫折或委屈就会变得一蹶不振！爱因斯坦说：“学会独立思考和独立判断比获得知识更重要。不下决心培养思考习惯的人，将失去生活的最大乐趣。”那么，作为父母，如何才能培养一个能够独立思考、遇事自己想办法解决问题的孩子呢？

首先，要平等对待孩子，给孩子自己做决定的机会。

在日常生活中，很多家长都有这样的误区——要在孩子面前树立威信，听到孩子提出不同意见或者建议时，就会用“小孩子懂什么？”“你要听爸爸妈妈的话！”“你的意见是错的，应该听大人的！”“这事不是你能决定的，以后再说”等话语制止孩子发表意见，以此体现自己的权威。

然而父母们不知道，这么做只会让孩子越来越不敢发表意见，从而形成怯懦的性格。而学会自己做决定、有自己的主见是每一个孩子成长所必须要学会的。否则，即使孩子年龄增长了，心智上也只是停留在孩童阶段。

真正爱孩子的父母，应当采取鼓励的方式让孩子发表自己的意见，或提出自己的要求。如果孩子提出的要求不合理，那么父母应立即纠正，并向孩子说明父母不同意的理由，而不是不分青红皂白地拒绝。

其次，家长要多鼓励孩子自己去尝试。

在孩子成长的过程中，家长要遵循以下原则：凡是孩子自己能做的，应该让他自己去做。那些不懂得刻意给孩子创造尝试和探索机会的家长，他们的孩子大多自理能力比较差，而且长大后容易缺乏责任感和勤奋精神。

实际上，从孩子心理发展的角度来说，即使是年纪很小的幼童也会渴望自己能自主做一些事情。比如，对于 1 岁左右的孩子，父母要尽量让其自己吃饭，即使吃得到处都是也不要打击孩子独立吃饭的积极性；3 岁多的孩子，就要自己穿衣服、鞋子，并学着做一些简单的家务。当孩子到了 4~5 岁时，父母就更应当“放权”，让他自己做主处理自己的内务，比如自己叠被子、洗袜子等。要知道，孩子的独立生活能力就是在一件件生活小事中培养起来的。

最后，家长要引导孩子学会自我管理。

生活中经常有这样的现象：孩子在家里把东西到处乱扔，毫无规则意识，而父母不但不批评他，反而会默默地收拾好“烂摊子”；孩子的衣服脏了，父母马上洗干净，有的孩子十几岁了，连袜子都没洗过……

这样做的恶果就是：孩子对与自己有关的一切事情都不闻不问。一旦父母有疏忽，或者孩子离开父母，他的生活马上变得一团乱，完全没有独自生活的能力。为了避免此类悲剧的发生，父母一定要引导孩子学会自我管理，包括管理自己的生活、学习以及情绪。例如，给孩子规定时间去写作业、收拾自己的房间、整理书包；在孩子离开家门时，让其养成关好门窗，带好钥匙、钱包等重要物品的习惯，等等。只有这样，孩子才能学会控制自己、约束自己，养成独立生活的好习惯。

只有一个孩子真正具有了独立意识，并且有了能够独立照顾自己的能力之后，我们才能说这个孩子长大了。否则，即便他已经成年，不具备独立生存的能力也不能称之为成人，只能称之为“巨婴”。

孩子具备独立意识，长大后才能有主见

“你这孩子怎么又不听话啦？”“你什么时候才听话，让妈妈省点心！”“宝宝听话，爸爸买一辆大玩具汽车给你。”这是我们日常生活中经常听到父母教育孩子的话。听话的孩子是乖宝宝，大人满意的宝宝。一些父母还为自己的孩子听话而感到洋洋自得，“瞧我家宝宝真乖，说什么听什么，从不惹大人生气。”孩子听话真的就好吗？

我们的传统教育理念总是教育孩子从小要听话，不要淘气。其实，听话的孩子不一定就是好孩子，淘气的孩子也不等于是坏孩子。从小就如同机器人一样执行家长指令的孩子，通常不是独立性差，就是胆小怕事，缺乏必要的社交能力。而且那些过分听话的孩子没有自己的主见，大脑思维呆板、自信心弱，一旦离开大人的指令就不知所措，难以适应环境的变化。

欣雨 4 岁多了，已经是一名幼儿园小班的小朋友了。欣雨的父母发现，欣雨在跟其他小朋友一起玩的时候总是爱听别人指挥，别人说什么她听什么，从不发表自己的意见。

其他事情上也是这样，比如她很爱画画，可在选择涂颜色时，她会问妈妈用什么颜色。妈妈说：“你自己决定吧，你喜欢什么色就用什么色。”她会说：“我每个颜色都喜欢，妈妈你告诉我用什么色我就用什么色。”若妈妈坚持不说，小欣雨就会哭鼻子，或者干脆不画了。

是什么原因导致小欣雨这么没有主见呢？从心理学的角度来说，孩子的自主心理，主要是在孩子 3 岁以后逐渐开始显现的。通常来说，小孩子在 4 岁左右的时候，心理上会出现一些明显的转变，独立意识开始觉醒，孩子开始有自己的想法。比如说，孩子会这样对父母讲："我不喜欢吃爸爸做的菜。"或者开始自己选择自己喜欢的衣服和鞋子，不喜欢的就坚决不穿。

孩子出现这种状态时，说明孩子已经开始长大，家长首先应当感到高兴。这时，如果爸爸妈妈鼓励孩子自己做决定，孩子就会慢慢地体会到"独立意识"的存在，而在这一过程中，孩子会慢慢形成自己的主见。

倘若在这个过程中，家长并没有去尊重孩子自己的意见，而是一味地对孩子的生活方式和想法进行干涉，那么孩子的自主能力就会逐渐减退，甚至变得自卑又懦弱，长大以后，会变成一个遇到事情很难自己做决定的人。相信这是每一位父母都不愿意看到的。

那么，家长在孩子的成长过程中，应该如何去应对和保护孩子的这种独立意识呢？如何让孩子在将来成为一个遇事果断有主见的人呢？这就需要家长在日常生活中多注意教育孩子的细节。

作为家长，首先要注意不能在孩子面前表现得过于强势，尤其是孩子年纪大一点之后，一定要给孩子表达意愿的机会。有相当一部分家长习惯于事事为孩子做出决定，而很少去征求孩子的意见。一旦孩子不遵从，就会大加责备。

其实孩子有自己的想法是好事，在任何时候，家长都要鼓励孩子充分表达自己的意愿，通过这种方法锻炼孩子的自主意识。举例来说，带孩子去超市购物，父母可以让孩子帮忙寻找购物清单上的东西，从而锻炼孩子的生存技能；带孩子去郊游时，可以问他应该做些什么准备，都要带哪些东西，从而锻炼孩子的组织协调能力；做饭时，让孩子建议今天吃什么菜，等等。只要是孩子想做又能做到的事，而且没有发生意外的可能，父母就应尽量放手让孩子尝试着去做。事事都是父母做主，会挫伤孩子的积极性、主动性，不利于孩子独立性的培养。

很多家长忙了一天的工作，晚上回到家之后，跟孩子说话时难免语气会不耐烦，比如"就这样做吧""你该去干某某了"。这种语气会让孩子觉得家长跟自己是命令者与被命令者的关系，自己是在被强迫做事，即使做了心里也不高兴。

这就需要家长对自己提高要求，在面对孩子的时候，不管自己多累，都要注意沟通的语气，要尽量将命令式语气改为启发式语气，如“这件事怎样做更好呢”“你是否该去干某某了”。这种表达方式会让孩子感觉到家长对自己的尊重，从而唤醒孩子的独立自主意识，学会按自己的意志主动处理好事情。这样长大之后，孩子才能成为一个有主见的人。

父母大包大揽，孩子内向退缩

家长们会发现：有的孩子很喜欢主动表现，公共场合也不怯生；有的孩子则性格含蓄内敛，在外人面前不敢大声说话；有的孩子敢上树爬墙，有的孩子则认为那太危险而不敢做；有的孩子可以自己独立面对一些困难，有的孩子则凡事都需要大人帮助解决……

当你的孩子正是后者时，相信你一定会感到一丝担忧——如此内向的孩子，随着年龄的增长会不会变得越来越怯懦胆小？那些性格内向的孩子，在步入社会之后，相对于那些善于表达、遇事敢于往前冲的孩子来说，要吃亏很多。也许在孩子小时候，我们看不出什么不良后果，但是随着孩子逐渐长大，进而投入社会后，问题就会越来越凸显，甚至会影响到孩子的整个人生。

小杰是家里的独生子，从小爸爸妈妈就把他当作掌上明珠看待，不光衣食住行都照顾得无微不至，连平时收拾玩具等力所能及的小事也从来不让小杰动手。因此，当和幼儿园同龄的孩子一起玩耍时，小杰总是显得不太合群。很多事情因为从来没有动手做过，小杰在模仿其他小朋友的做法时，会显得特别笨拙，甚至还有点缩手缩脚，不像其他小朋友那样放得开。小杰的妈妈发现这一情况之后，认为小杰可能天生就是性格内向，也没什么。遇到别的家长一起谈论自家孩子时，妈妈也毫不避讳地在小杰面前说：“我家小杰天生就是个性格内向的孩子。”

随着年龄的成长，小杰的性格变得越来越内向。在家跟父母在一起时表现得还算正常，但一到外面，尤其是需要在公众场合去完成一些事情的时候，小杰就会手足无措，性格也变得特别软弱。小杰十几岁的时候，遇到困难挫折时的第一反应不是去解决，而是像个女孩子一样哭个不停。到了这个时候，小杰妈妈才意识到小杰的性格存在着非常严重的缺陷，已经影响到了他的正常社交能力。但她不知道怎样才能改变儿子的性格不足，让自己的孩子像其他同龄孩子那样充满活力和勇气。

现实生活中有很多像小杰妈妈一样的父母，他们认为孩子胆子小、性格内向不是什么问题，从而疏忽了对孩子的引导和指教，最终使孩子出现缺乏自信、不合群、丧失独立能力等非常明显的性格缺陷。

人在一生中要不断迎接新的挑战和坎坷，而勇敢是一种必备的力量和态度。不可否认，孩子由于缺乏生存经验和成熟的世界观，所以经常会流露出内向、胆小、对陌生事物害怕的情绪。但父母不要以为孩子天生就是内向胆小的，我们完全可以在孩子成长的过程中培养他面对挫折和压力的勇气。

当然，在教养孩子的过程中，父母要先认清曾经的教育误区。其实，孩子性格内向退缩，很大程度上正是由父母造成的。有些家长把孩子当成“瓷娃娃”，怕磕着碰着、受到一丁点儿伤害，总是把孩子带在身边，形影不离。这样一来，就会使孩子形成一种强烈的依赖心理和被保护意识。随着孩子年龄的增长，如果父母还持续给予这样的保护，那么很容易导致孩子离开大人后完全丧失独立生存的能力。

还有的父母太过限制孩子的自由，使他们缺少群体玩耍和活动的机会。有些孩子除了与父母、长辈相处外，极少有与同龄小朋友一起玩耍，或走亲访友的机会。这样的情形极易丧失孩子的交往能力——怕见生人，也怕在众人面前表现自己。面对这样的孩子时，父母可先从家庭内部开始进行整改，如创造机会让孩子在家庭成员面前讲故事、背儿歌。待孩子适应后，再把这一活动从家庭内部逐渐扩大到一些互动机会较多的外部场合中去。但无论怎样，这都不是三五天就能改善的，家长要有耐心，慢慢引导。只有给孩子足够的关爱和包容，才能让孩子逐渐放下那颗谨慎、胆怯、羞涩的心。

家长要学会用赞赏、信任的眼光看待孩子，给孩子信心和力量，让孩子可以按照自己独特的生命轨迹去成长。

父母代劳，会让孩子失去该有的耐心

很多家长在交流时都提到过，孩子缺乏耐性、无法控制自己的情绪。一旦达不到自己的要求，孩子就会莫名其妙地哭闹，或者上课不专心，动个不停。有关专家认为，要改善这类孩子不恰当的行为举止，就必须帮助孩子培养耐性，养成克服欲望的耐力。那么，那些缺乏耐心的孩子，都是因为他们的性格因素造成的吗？还是有着其他更深层次的原因呢？我们一起看看下面这个案例：

浩浩从小跟着外婆长大，因为是家里的“独苗儿”，外婆对他呵护备至，要什么给什么，从来没有迟疑的时候。

“外婆，我要吃冰淇淋。”这天，浩浩又一次拽着外婆的胳膊，噘着小嘴儿撒娇。

“浩浩听话，等外婆切完菜，就去给你拿！”

但是，外婆的话并没有让浩浩停下来，他非得马上要。结果，外婆动作稍微慢了一点儿，浩浩就一下坐到了地板上，大声哭闹了起来。外婆慌忙放下手里的菜刀，甚至来不及洗手，就一路小跑去给浩浩找冰淇淋。

浩浩知道，只要他一哭，外婆就会马上满足他的任何需要。因此对他来说，哭声成了他控制外婆的“法宝”。

浩浩上幼儿园后，无法接受老师的管理，和小伙伴之间也不能很好地相处。因为老师和小朋友都不喜欢他这种没有耐性的习惯，更不喜欢他说要什么马上就得要的性格。这让他十分苦恼，只会通过埋怨他的外婆来发泄自己的不快，他的父母对此无计可施，结果搞得全家人都闷闷不乐。

在一些父母的认知里，给孩子一个快乐的童年，就是有求必应，绝对顺从。这无疑带给孩子一种错觉：我要干什么就得马上干什么。

以上文中的浩浩为例，也许你会批评浩浩不懂事，但这一切，不正是家长的错误认知造成的吗？我们要知道，忍耐力并非孩子与生俱来的，他需要在后天的教导中逐渐形成这种特性。如果在孩子小的时候不能培养他的耐性，那么他未来的人生之路就会受到很大影响。

有一句话说得好：人生不如意事十之八九。无论是谁都难免在人生路上遇到挫折和不如意。因此学会忍耐是每个人的基本“生存技能”。尤其是对于孩子来说，这份技能的培养显得更为重要。那些耐性不足的孩子，情商和逆境商相对也较低。除此之外，他们相对散漫、自控力弱、做事有始无终；适应性差、喜欢依赖，不容易融入新环境；在挫折面前，往往表现出急躁、知难而退甚至暴力的苗头。

然而，很多父母并没有认识到教孩子学会忍耐的重要性，往往在孩子提出要求的时候，对其有求必应，唯恐迟了，惹得孩子不开心。这种看似对孩子疼爱的表现，却很有可能会成为孩子将来成才的阻碍。因为一个毫无耐性的孩子，不仅无法忍受生活中遇到的挫折和困难，也缺少越挫越勇的韧性及品质。

一般而言，缺乏耐性的孩子通常会出现三种倾向：

一是暴力倾向。当他做不喜欢的事情或得不到自己想要的东西时，就会失控地尖叫、咒骂，刚开始时，他还会对家长抱有些许畏惧，但如果家长并未对其不恰当的行为进行疏导和管教，他就会变得肆无忌惮。长此以往，就会形成习惯，听不进父母的劝导，我行我素；

二是依赖倾向。遇到陌生或困难的问题时，他便丧失了独立解决问题的能力，习惯性地向他人求助，最终导致意志薄弱、独立意识差；

三是注意力低下倾向。自由散漫，做事没有持久性，无论做什么他都坚持不下去。

我们应该意识到，孩子的这些毛病都是由于父母的过分溺爱造成的。所以，父母必须做出调整，让孩子走上正确的成长轨道。关于耐性的训练，在孩子很小的时候就可以有意识地去培养——

孩子一两岁的时候，如果有要求得不到满足，会立刻哭闹，父母可以在孩子哭闹几声之后满足他的要求，然后逐渐将这一时间延长，让他一点点习惯。需要注意的是，这样做的目的是让他学会忍耐，所以父母应通过行动传达给孩子这样的信息：无论我的反应是快是慢，你的需要都能得到满足。当孩子认可了这种信任关系后，就会逐渐习惯等待。

到了孩子可以用语言和家长交流的时候，假如他迫不及待地想要完成某事，父母可以通过一些方法帮他理解他想要实现的目的的具体时限，比如："我知道宝贝饿了，等我们看完这个故事，就可以吃饭了。""等妈妈做完这一点家务，我们就可以出去玩了。"这种辅助活动可以帮助孩子学会耐心等待，而不是靠发脾气来消磨时间。

曾看到过这样一句箴言：在人生的道路上，如果你没有耐心去等待成功的到来，就只好用一生的时间去耐心面对失败。教子之路也如此。父母可以根据孩子的具体情况来选择教育方式，有针对性地对孩子进行耐性的训练。相信在这样的家庭氛围里，孩子一定会慢慢成长为一个拥有耐心、独立意识的人。

孩子犯错父母护短，小洞不补大洞吃苦

曾经看到过这样一个故事：古时候有个很顽皮的孩子，一次爬上大树玩耍，忽然内急，来不及下树方便，就站在树上撒尿。正巧一个慈眉善目的老人从树下路过，被尿了一身。他抬头一看是个小孩儿，因为怕吓着小孩儿，就招手把他叫下来，夸他爬树爬得高，并没有责备他。

这个小孩觉得做了这件事并没有受到责备，还挺好玩的，以后就经常故技重施，爬上大树向过往的行人撒尿或者扔东西。受害人有的骂了几句就走了，有的气不过，拉着这个孩子找家长理论。孩子的家长却护短说孩子年纪小不懂事，大人不要和他一般见识，从不批评捣蛋的孩子。久而久之，这个孩子成了远近闻名的顽劣少年。

有一天，又有人从树下经过，同样被这个孩子的恶作剧弄了一身脏污。但没想到这人也是个泼皮恶霸，怎忍得下这口气，上去就把小孩揪下来，一刀砍掉了小孩的右手，然后扬长而去。孩子的家长这才开始后悔没好好教育孩子，结果让孩子落得如此下场。

这虽然只是一个传说中的故事，却非常贴切地说明了家教对于孩子发展的重要性。一个孩子的成长离不开良好的家庭教育，作为家长，首先要教育孩子懂礼貌、懂规矩，不能只是护短。而日常生活中却经常看到只护短不教育的家长，表面上看是在护着孩子，实际上却是在害孩子。民间老俗话“在家不打人，出门不挨打”，说的就是这个道理。

古人有言“慈母有败子，严家无悍虏”，意思是说：做父母的，如果对孩子一

味地娇惯溺爱、袒护姑息，就必然会养成败家之子；而那些家教家法比较严格的家庭里，就不会出现不服管教的孩子。

在我国古代的南朝梁时期，有一位骠骑大将军，叫王僧辩。王将军在带领军队作战的过程取得了很大成就，朝中官员见到他无不毕恭毕敬。但是，就是这样一位战功赫赫的大将军，在自己的母亲魏夫人面前依然要收起自己的威风，变回唯唯诺诺的孩子。史书记载，魏夫人“性甚严正”，从王僧辩小时候开始就对其管教得十分严格，丝毫没有一点娇惯溺爱。以至于儿子王僧辩“为三千人将，年逾四十”的时候，只要他的母亲魏夫人看到他在执行公务中有过错，感到稍不如意，还会劈头盖脸地骂他一顿。当时的人们并不认为王僧辩这一举动是无能，相反却因为他能够虚心聆听母亲的责骂而更加尊重他。人们甚至认为王僧辩能成其勋业、有所作为，与他母亲的严苛要求和他的虚心聆听有着必然的联系。

一个原生家庭对孩子的影响，不只有富裕与贫穷，还有习惯和性格。贫与富只能伴孩子一时，习惯和性格却能陪伴孩子一世。作为家长，在教育孩子的过程中遭遇重重困难时，首先要做的是调整好自己的心态，尤其要克服自己的急躁情绪，只有这样才会更加有利于孩子的教育和成长。

让孩子出类拔萃是每个父母的最大心愿。然而，父母教育孩子的错误观念以及由此导致的有害的家教方法，不仅不能纠正孩子的缺点，反而促成了孩子的不健康成长。一个处处护短的家长，不可能正确认识到孩子的缺点，这样的家长养育出的孩子更不可能正确认识到自身的缺点和不足之处。家长只有认识到孩子的缺点和不足，有针对性地去帮助孩子一一克服，孩子才会进步，并最终成长为一个优秀的人。

不放手的爱，只会让你的孩子更难独立

2016 年上映的一部名为《鹬》的动画短片火爆一时。我们一起来了解一下这部时长仅仅 6 分钟的动画片讲的是什么内容——

旭日初升的海滩上，伴随着潮水的涌动，无数浮游生物、海藻、海螺、扇贝等海洋生物搁浅在陆地之上，等待它们的则是沙滩上饥肠辘辘的捕食者——鹬。不远处的灌木丛里，一只刚出生不久的小鹬窥视着父母的一举一动。

过了一会儿，妈妈飞回巢穴，小家伙一如既往地张开嘴巴等着喂食，不过妈妈似乎决意要让孩子独立，一边将扇贝肉吃到肚子里，一边鼓励小鹬自己去沙滩上找食物吃。没有办法，小鹬只能独自走向海边，初次来到海边的小鹬激动不已，它刚发现一只美味的贝壳，就被突然袭来的海浪瞬间淹没了，浑身湿漉漉的小鹬迅速跑回小窝说："自己找食物吃太吓人了，我再也不去了。"

随后，在妈妈的鼓励下，小鹬战战兢兢地又一次向沙滩走去。这次，它遇见了小寄居蟹。小小的寄居蟹教会了它在海浪中潜水的本领。小鹬看到了不一样的风景，还有到处都是的美味贝壳。动画片的最后，战胜恐惧的小鹬开始在海岸边欢乐地觅食。

父母的放手，朋友们的鼓励和陪伴，使小鹬逐渐战胜恐惧，变得更加勇敢。整部短片包含着满满的正能量，想必这也正是它风靡一时的原因所在。作为家长，我们同样可以在鹬妈妈的教子经验中有所启示。一直在妈妈翅膀下长大的小鸟，永远也学不会自己去觅食；只在老鹰呵护下长大的雏鹰，永远也不能翱翔天空。其实，孩子也是一样。如果孩子只是生活在父母的怀抱里，自然无法形成独立生活的能力，那么长大后，他将很难适应日益复杂的社会，更谈不上有所成就。

实际上，孩子天生就有独立做事的欲望——2 岁的孩子会想着帮大人拿一些东西、为大人跑跑腿；3 岁的孩子自立愿望就已经非常强烈了，什么事都想去尝试。但孩子的年龄太小，认知能力与动手能力都很差，因此常常会把事情办糟。面对孩子的“犯错行为”时，家长要给予他足够的耐性，不要怕麻烦，不要嫌孩子做得不好、不熟练、帮倒忙，要充满热情地鼓励孩子去动手操作，并宽容孩子在操作中出现的失误。久而久之，孩子就会蕴积出强大的、自主成长的内在力量。

但是，很多父母认识不到这一点，总是想替孩子包揽一切。家长爱孩子本来是无可厚非的事情，但是太过娇宠和溺爱反而成了毁掉孩子的一把刀。越来越多的家长抱怨自己的孩子没有责任感，可他们并没有意识到，正是自己的包揽行为剥夺了孩子独自面对挫折与失败的机会。

那些在家长的庇护下成长起来的孩子会形成错误的认知观，他们认为自己的人生不用规划努力，只要等着父母安排就好。他们的人生字典里，只有“不知道”“问他们”“等着父母解决”几个字眼儿。如同登山一样，父母为他们准备好了最快捷的缆车，表面上来看孩子可以毫不费力的直通山顶。但相较于徒步攀登者来说，他们失掉了途中的美景，更不会把握前进的方向。然而，父母总有力不从心的一天，他们坐等“天上掉馅饼”的日子也会完结。进入职场后，再也没有家长的出面摆平与包办代替，缺少了幼时的磨炼，他们已经完全不适应突然间的“徒步攀岩”。一个从小没学会对自己负责的人更谈不上对工作负责，他们很容易成为职场中无法胜任自己工作的一群人。

过分保护孩子是一种不正确的教养方式，其表现和危害已经在前文进行了陈述和说明。综上所述，只要家长们给孩子一个规则与自由并存的成长环境，孩子的身心就一定会朝着积极、健康的方向发展。

PART 03

与其一生为孩子守护，不如让孩子学会自己承担

“

家长一味地替孩子承担挫折和压力，

孩子永远学不会担当，

也不会具备责任心。

责任心是孩子健全人格的基础，

是一个人立足社会担当重任的重要条件。

家长不应该把孩子的一切都担在自己的肩上，

而是应放手让他们自己去承担。

即使行为有所偏差，

也要让孩子承受自己行为的自然后果。

”

责任心是孩子形成健全人格的基础

责任心是一个人日后能够立足于社会、获得事业成功与家庭幸福至关重要的人格品质。对于孩子来说，责任心是其成长过程中形成健全人格的基础。那么，作为父母，在孩子成长的过程中，应该怎样去培养孩子的责任心呢？

看到这里，可能会有一些父母认为，孩子还小，能承担起什么责任？责任心是成年人才能够拥有的品质。其实，责任心是从小就应该培养的。一个人无论是成人还是孩子，只要他心中有责任感，就能够不知不觉地通过言谈举止散发出独特的魅力，从而得到别人的喜爱和尊重。在这个过程中，孩子收获的不仅是他人的尊重，还有发自内心的自豪感。

有位朋友曾经给我讲过她儿子的经历：当时他们一家人刚搬到一个新城市，她 4 岁的儿子奔奔在住处附近的一个幼儿园上学。入学两个月之后，幼儿园组织了一次家长会，那天早上她带着儿子一起去幼儿园。路上她突发奇想，对儿子说："你幼儿园里那么多小朋友，妈妈一个也不认识，今天开家长会，你一定要照顾好妈妈呀！"

奔奔听到妈妈这样说有点意外，迟疑了一下，然后很认真地答应了妈妈："妈妈，我认识所有的小朋友，我一定都介绍给你认识。"

到了幼儿园之后，奔奔开始认真履行他的承诺。他领着妈妈去见幼儿园的各位老师，还一本正经地把妈妈介绍给了自己的学习老师和生活老师，又认真地向妈妈介绍了幼儿园的每一个小朋友，最后还向妈妈介绍了来学校开家长会的他同学的爸爸或妈妈。我的这位朋友当时非常意外且感动，没想到 4 岁的儿子竟然像个小大人一样照顾自己。他幼稚又认真负责的样子不仅感动了妈妈，还感动了在场的其他家长。那些家长都夸奔奔是个小男子汉，还纷纷问奔奔妈妈是怎么把儿子教育得这样懂事的。

在我看来，正是上学路上妈妈的一番话，激发了奔奔幼小心灵深处的责任感，从而表现出超越年龄的认真和负责。责任心是促使孩子向上奋进的内在动力，是孩子获得成功的催化剂。培养责任心是孩子成长的必修课。

曾看过这样一则报道：美国一个小学生因破坏性行为受到停乘校车一周的处罚，孩子只好每天步行上学。有人问他的母亲为什么不用家里的汽车送他去上学，孩子的母亲坚决地说："不，他应该对自己的行为负责！"

孩子处于成长之中，对一些事情往往没有责任感，因为许多时候他们根本不知道责任是什么。所以为了培养孩子的责任心，家长可以适当地让孩子承担一下做事情不负责任的后果，教孩子如何去面对并接受这次失败的教训，从中获得成长。

培养孩子的责任意识，是家长不可推卸的责任。孩子拥有了责任感与担当，才会拥有学习的动力，才会拥有目标与理想。因为有了责任与担当，才能让孩子拥有一颗感恩的心，学好适应社会的必修一课。

过失承担，孩子的行为应由自己负责

很多年前，一个11岁的美国小男孩在与小伙伴踢足球的时候，不小心打碎了邻居家的玻璃。闯了祸的男孩不停地向邻居道歉，并表示自己愿意赔偿给他们一块新玻璃。男孩找到父亲，为难地对他说："爸爸，我没钱赔给他们，您可以先借给我吗？"父亲说："可以，但你要保证在一年之内还给我。"男孩点点头说："没问题，爸爸。"为了兑现自己的承诺，自此以后，这个男孩每逢周末和节假日便去寻找一些兼职打工赚钱。经过半年的努力，他终于赚够了当初向父亲借的玻璃钱。这个男孩就是后来成为美国总统的里根。他在回忆这件事时说："通过自己的劳动来承担过失，使我懂得了什么叫作责任。"

行为心理学认为，在父母对子女的家庭教育中，惩罚虽然使人感到痛苦和厌恶，然而必要的惩罚是有价值的，因为它对孩子责任心的养成有一定的促进作用。

我经常带孩子在一个小公园的游乐区玩，那里有很多大大小小的孩子。通过观察他们我发现，从那些孩子的身上能够看到他们的家教，甚至家长的为人。

有一次，小朋友们一起排队坐滑梯。一个两岁多的小男孩动作慢了点，后边一个四五岁的男孩不耐烦了，竟然狠狠地推了小男孩一把。小男孩头朝下顺着滑梯滑了下去。幸好孩子的爸爸在下面看到了，一把接住了下落的孩子，不然孩子很有可能头部着地，后果不堪设想。

当时小男孩的爸爸很生气，他一手抱着受到惊吓而哭泣的孩子，一手从滑梯高处把那个四五岁的男孩扯下来，狠狠地训了一顿。结果没一会儿这个大男孩的妈妈不知道从哪儿冒了出来，一副孩子受欺负了，自己要给孩子撑腰的姿态，冲着这个小男孩的爸爸大发脾气道：“你家孩子又没摔坏，你凭什么教训我儿子？”她一点都不考虑那么高的滑梯，如果孩子是直接从侧面掉下来，或是孩子的爸爸没有接住被推下滑梯的孩子，那将造成多么严重的后果。

当时看着这个大吵大闹的妈妈，我脑子里第一个念头就是——什么样的家庭就会教育出什么样的孩子。大概这位妈妈在家里从来没有教过孩子做事情要考虑后果，以及做错了事情要勇于承担责任。这种教育缺失，会给孩子带来什么样的性格影响，可想而知。

作为家长，要在日常生活中利用一切细节培养孩子的责任意识，鼓励孩子勇敢地承担责任。例如，孩子跟着爸爸妈妈去商场时，不小心损坏了物品。这时家长应该让孩子知道，是由于自己的过错，才造成了这种后果，应当立即给予赔偿，并采用扣除孩子零用钱等方式对孩子进行小小的惩罚。通过这一行为，让孩子学会如何处理过失，如何补救自己犯的错。更重要的是要建立孩子正确的责任心意识，这对于孩子将来的成长，以及人品人格的形成，都有着至关重要的作用。

当然，“让孩子对自己的过失负责”，绝不意味着可以体罚、伤害孩子。这是一种建立在对孩子尊重和信任基础上的惩罚教育，是一种因人而异、适可而止的教育技巧。它和赏识教育的目的殊途同归，都是为了培养孩子健康的人格，促进孩子全面发展。

孩子是一个独立的个体，在他成长的路上有太多需要自己去承担的事情。如果父母过多地为孩子阻挡本应属于他的“磨炼”，那么孩子就会变得更加依赖父母，而很难得到成长。作为父母，为孩子挡风遮雨固然是一种爱的体现，但是睿智地去留一些“后果”让孩子自己承担，进而由点及面、由学习到生活，让孩子懂得吸取教训，懂得有错改之，懂得什么叫作“成长”。这些，又何尝不是一种深沉的爱呢？

给孩子布置任务，教育孩子勇于承担不推诿

欢欢今年 13 岁了，在外人面前，她是一个懂事听话的小女孩，但是在家里就是另一番模样了。大人一旦让她干点儿家务，她就会不停地发牢骚：“为什么让我做呢？”“妈妈和姥姥做得比我好多了！”“我刚吃完饭不想动呀！”“我要休息一会儿，然后洗澡睡觉。”……

这大概是很多孩子在家里的真实写照。如今生活条件越来越好，父母对于孩子的照顾也越来越细致入微，所有的家务活包括孩子自己的事情大都由家长来代劳。不难想象，如此发展下去，孩子的思维会形成惰性和惯性，从而养成遇事推诿的毛病。

这看起来是件小事，但是仔细想想，如果遇事推诿的态度成了孩子个性的一部分，步入社会之后，在工作中还是这样的态度，那么就很有可能对那些发展自我的良好机遇视而不见，从而影响孩子自身的发展和未来。

所以，父母应在孩子还小的时候就分配给他一些固定的家务，主要目的并不是为了让他干活，而是要让他意识到，做家务是他作为家庭成员应负的一种责任。在很多时候，这种责任感很容易就会转化成他们勤快起来的动力。

我们应该让孩子明白他作为家庭中的一员，也应该和爸爸妈妈一样，承担相应的责任。父母不妨在要求孩子做家务的时候这样告诉他：“我们每个人都有做家务的义务，你所做的事情是你应该负责的部分。”通过这样明确的引导，孩子会从小建立起对责任感的概念，并学会为一些事情承担责任。

我们还要注重引导孩子养成“接到任务，马上行动”的思维。

在不少家长看来，“懒惰”是“勤快”的最大敌人。但实际上，“勤快”的最大敌人不是懒惰，而是推诿拖拉。相信很多父母都会听到过孩子说这样的话：“再等10分钟，10分钟后，我保证去做作业。”“星期天难得我能玩一会儿，让奶奶替我收拾房间吧。”殊不知，这样的推诿逐渐由量变转变为质变后，就成了懒惰。所以，要让孩子勤快起来，父母就要让他们养成“接到任务，马上行动”的思维，而且这种思维最好是从小时候就开始向他们灌输。

儿童发展心理学研究表明：孩子天生就喜欢做自己能做的事情，以显示自己的能力。所以，父母不要剥夺他的这种乐趣和尝试的机会，并要适当把握机会，以培养他自己照顾自己的习惯。如在孩子年幼的时候，家长应该让他做一些力所能及的事，比如洗袜子、叠小被子和衣服等。当年龄和能力增长后，可逐渐增加孩子的劳动内容，让他体验在劳动中所得到的成就感，同时培养他的责任心和自信心。

作为父母必须要注意的是，日常生活中对于孩子一定要克制“包揽”的欲望，让他学会自己的事情自己做。尤其是当孩子有了独立动手的能力时，父母就更应该将家庭中的事务进行明确的分工，分配孩子做一些力所能及的家务。这样做的目的是要克服孩子的依赖性，培养孩子的独立能力，同时让孩子学会对自己的事情负责。在这样的家庭环境下长大的孩子，必然会成长为一个有责任心、遇事有担当不推诿的人。

制造一些小困难，纠正孩子自傲的心态

在日常生活中，父母要避免帮助孩子创造一个“事事顺心”的成长环境，应时常给孩子“创造”一些困难和障碍，让他们去经历一些挫折，战胜一些挫折。要知道，这会是孩子成长和独立过程中最珍贵的财富，也是他成才、成功必备的条件。

珊珊是个经常被老师、父母和邻居们夸奖的孩子。她不但学习成绩很好，还很有美术天赋，其作品多次作为对外交流的儿童画出国展览。然而，掌声和鲜花多了，珊珊也不禁有些飘飘然。她会有意无意地在同学面前表现出骄傲的情绪，或者经常向他人炫耀自己的美术成就。珊珊的父母意识到，因为长辈们对姗姗的夸奖，致使她形成了极为自傲的心理特征，这对她的成长是极其危险的。

想明白了这些，珊珊的父母开始在生活中有意地避开对珊珊的过度夸奖。有一天，姗姗的妈妈特意请单位一位同事带着孩子斌斌来家里做客。斌斌比珊珊小一岁，因为“奥数”成绩特别好，也是学校的小明星。

虽是初次见面，但两个孩子很快就熟络了，玩得很投缘。不过没过多久，珊珊就有些不高兴了。原来，珊珊和斌斌玩智力游戏的时候总是输。尽管斌斌热情邀请珊珊再玩，但珊珊却坚决不玩了。

同事走后，见珊珊还是有些郁闷，妈妈就说：“珊珊，妈妈知道你为什么不高兴，是不是因为你玩游戏总是输？”珊珊没吭声，只是看了妈妈一眼。妈妈拍着她的头说：“其实，斌斌是一个非常聪明的孩子。他虽然比你小一岁，但是因为成绩好跳了一级，现在和你同年级了。”

珊珊惊讶道："那他可真厉害啊！"

妈妈微笑着说："对啊，斌斌很优秀的，所以咱们要努力地超过他。你看斌斌，虽然拿了好几次'奥数'比赛冠军，但他从来不炫耀这些，总是努力地学习。你也是个优秀的孩子，但学无止境，不要骄傲哦！"

珊珊点了点头，大声地说："明白啦！"

在对待孩子的教育方面，父母不妨通过生活和学习中的点点滴滴来有意识地为孩子设置一些困难和障碍，尽量杜绝他们骄傲心态的滋生，让他们的心智得到有效的磨炼，以此增强孩子的抗挫折能力。上面故事中珊珊妈妈的做法是我所提倡的。有时候适当地让孩子接受一些打击，可以督促孩子戒骄戒躁，保持谦虚的心态，对于孩子的成长是有益无害的。

科学家巴夫给青年人的一封信中这样写道："切勿让骄傲支配了你们。由于骄傲，你们会在应该统一的场合固执起来。由于骄傲，你们会拒绝有益的劝告和友好的帮助。而且由于骄傲，你们会失掉客观的标准。"需要提醒父母注意的是，要让孩子分清楚自信和骄傲的区别。自信是一种积极的人生态度，它能使人乐观上进；而骄傲是对自己能力的夸大，是盲目乐观，会让人停滞不前、不思进取。对于父母来说，应该培养孩子的自信心，但不能让他们滋长骄傲自满的情绪。

方法正确才能培养出自觉主动的好孩子

小明刚上一年级，妈妈就为了他的学习操心不已，整日里在朋友圈大吐苦水。倒不是因为小明学习不好，而是他患有非常严重的拖延症，什么事父母不催促就不去做。我们不妨来看看小明每天在家的生活日常：

早晨六点半，闹钟准时响起，妈妈来喊小明起床。叫第一遍时没反应；叫第二遍时，他哼哼唧唧回应一声，依然没反应；叫第三遍时他才不情愿地爬起来，眯着眼磨磨蹭蹭地穿衣服。

下午放学回到家，开始写作业，刚坐下没 5 分钟，就嚷着要喝水，一会儿又想吃水果，一会儿又想上厕所。本来作业不多，结果写到快 9 点还没写完。

晚上快 9 点半了，小明还窝在沙发上玩平板电脑。妈妈催他去洗漱，催一遍没动静，直至妈妈提高语调，他才一万个不情愿地哼唧着去卫生间……

相信类似的烦恼很多家长都有。孩子在日常生活学习中主观能动性和自觉性太差，所有的事情都要家长催促才去做，不催促就不动。这到底是什么原因呢？归纳起来不外乎以下几点：

首先，做事拖拉，没有主见。现在很多家长一手包办了孩子身上所有的大事小情，且很少让孩子动手参与进来。长此以往，孩子慢慢地对任何事都失去了积极性和主动性，从而也逐渐养成了做事拖拉、没有主见的习惯。

其次，缺乏时间观念、自我控制能力差。孩子对时间的概念比大人要模糊得多，他们的注意力也很容易受到周围环境的影响。孩子的专注时间非常短，所以很快就会忘记初衷，而无法专心于所做的事情，慢慢就养成了拖拉、磨蹭的习惯。

除了上面的原因，缺乏自信心也会导致孩子做事拖拉磨蹭。主要是因为孩子对自己的要求过高，又缺乏自信，怕自己出丑或做不好，总是瞻前顾后，犹豫不定，动作也就自然而然地慢了下来。

了解了孩子缺乏主观能动性的原因，那么家长们要如何应对呢？

首先我们可以从最基本的生活作息上入手，比如给孩子制订一张作息时间表，坚持让孩子养成有规律的作息习惯。只有把作息时间固定下来，形成习惯，孩子才能对时间有一个明确的认识，并逐渐养成良好的时间观念。

合理安排好孩子的作息时间，可以保证他们有足够的精力去学习，并有效提高学习的效率，还可以促使他们养成良好的生活习惯，对于孩子的成长是十分有益的。

我曾经看到过一位家长带着孩子一起制订的日常学习生活时间表，觉得他们做得非常好。这位家长说，比起直白的语言来说，孩子们更喜欢生动的画图方式。在她和孩子共同制订的时间表中，早晨 06:30 的格子中画闹铃，表示要起床了；下午 18:00 的格子中画电视，表示可以休息看一会儿电视了；18:30 画的餐具，表示是吃饭的时间；19:00 用书本表示做作业的时间；21:30 的格子画牙刷及床，表示该洗漱睡觉了。这样的时间表直观且易于执行，孩子不会滋生抵触情绪。

父母从生活和学习的细节入手进行调整，可以在潜移默化中培养孩子的自觉性、主动性，让孩子从性格层面上建立起时间观念以及遇事不拖拉的内在意识，这对于孩子将来步入社会和职场有着非常正面的影响。所以，那些总觉得孩子平时拖拖拉拉缺乏自觉性、主动性的家长们，一定要及早行动，从小培养孩子的时间观念和自觉性、主动性。行为方式决定行为能力，孩子的恶习一旦形成习惯，补救非常困难。父母合理安排好孩子的生活，从点滴小事做起，教育孩子提高做事效率，就能培养出自觉主动的好孩子。

督促孩子认真负责，不要有“差不多”的想法

成功学大师戴尔·卡耐基说：“一个不注意小事情的人，永远不会成就大事业。”那些成就大事业的人，往往都非常注重细节。很多时候，可能我们并不觉得那些注重细节的人相对于其他人而言有多么大的优势。但是一旦这种注重细节的精神体现在工作和生活当中，它所带来的优势就会一点一点体现出来，甚至会改变人的命运。

对于成人而言，那些优秀的人无论是在生活中还是在工作中，都有一个共同的特点，就是把注重细节当成义不容辞的责任，而非负担。对待工作，他们一丝不苟、注重细节，没有半点马虎及虚假。在他们看来，做工作的意义在于把事情做完美，而不是做到所谓的“差不多”就可以了，他们会以更高的标准来严格要求自己。很多时候那些把“差不多就行”当成口头禅的人，最后必将付出巨大的代价。相反，在所有细节上都愿意做到一丝不苟的人，会得到巨大的回报。

我国著名青少年教育家孙云晓先生曾说：“好习惯对儿童来说是命运的主宰，是成功的轨道，是终生的财富，是人生的格调。”相信每一位家长都希望自己的孩子未来成长为优秀人才或成功人士，那么，我们就要从小培养孩子良好的生活习惯和正确的认知观念。

聪聪是个勤快的孩子，经常帮父母做家务。小学三年级之后，聪聪的父母准备培养孩子的理财意识，就把家里的家务活分门别类，然后进行有偿分配。比如，聪聪每天打扫卫生，周末的时候就可以得到 10 元的零花钱作为奖励；每天帮父母刷碗，按次计费，也可以在周末得到一笔零花钱，等等。聪聪觉得这样太好了，自己

可以通过自己的劳动攒钱去买自己想要的东西了。

于是聪聪做家务的积极性猛增，几乎包揽了家里所有的家务活。每天放学后先抓紧时间写作业，完成之后，就开始在家里各种忙碌。第一个周末，聪聪赚到了 30 多元零花钱，开心得不得了。他拿去买了心爱的变形金刚玩具之后，还剩下几块钱，他小心翼翼地将它们存在存钱罐里，算计着再攒多久可以买其他想要的东西。

聪聪的父母觉得这个方法很不错，既锻炼了孩子的动手能力，又激发了孩子的理财意识，一举两得。但是没过多久就发现了问题——聪聪做家务的积极性虽然高了，但是干活的效果却没有以前好了。比如，聪聪打扫卫生时想着赶紧完成去做下一件事，就导致地扫得不干净，很多时候敷衍了事，为了完成任务而做。甚至每天写的作业，也因为一心想着赶紧完成去做家务而开始马虎潦草起来。

长此以往，聪聪养成凡事“差不多就行”的马虎态度可要不得。聪聪的父母很快意识到了问题的严重性，开始对聪聪提出了更高的要求。比如，作业要求干净整洁工整，打扫卫生之后要妈妈来检查验收，等等。

孩子的自控能力较弱，面对自己应当做完并做好的事情时，常常以急躁的心理去完成，而不是沉静下来认真去做。这是因为他只想着交差了就可以出去玩，或者做更有意思的事情。在这些时候，家长就要提出更严格的要求，让孩子意识到自己的想法是不对的。比如孩子做完作业后，要求出去玩会儿。这时，家长应当看看孩子作业完成的质量如何，再决定孩子是不是可以出去玩。如果质量一般或是很不好，家长就应当要求孩子重写，并且告诉孩子让他重写的理由。要让孩子重写作业，他难免会有情绪，可是孩子会通过父母的这个举动，心生正确的认知观——应付了事的作业要重写，与其潦草地写两遍或更多遍，还不如认认真真一次性写好。这就起到了家长想要的教育效果。

养成对自我严格要求的好习惯，对于孩子未来的发展有着巨大的意义，值得每一位家长重视。总而言之，播下一种行动，收获一种习惯；播下一种习惯，收获一种命运。

让孩子从小就参与到家庭事务中来

每个人的性格、眼界、人生观都是逐步形成的，与自幼时起所处的环境和受到的教育方式也是息息相关的。让孩子参与家庭事务，从小培养孩子的主人翁意识，是对孩子教育的一个重要方面。很多父母总是认为孩子还小，在日常生活中只需要听父母安排就可以了。这种做法无形中把孩子变成了一个“宠物”，而不是一个具备独立人格的人。

那些意识到这一问题的家长会把孩子放在一个相对平等的位置上去对待。比如让孩子参与到家庭事务中来，从小锻炼孩子的独立性以及处理问题做决定的能力，这对于孩子的成长是非常有利的。

有些家长可能会提出反对的意见，认为孩子小的时候就是要被呵护的，而且很多事情孩子根本没有能力去判断，还是让父母来承担和决断更妥当。事实果真如此吗？我们一起来看看下面的故事吧：

“妈妈，我想要那件红色的连衣裙。”小丽拉着妈妈的衣服说道。“那件衣服太红了，而且不好看，你就要那件白色的吧！”小丽妈妈说完就毫不犹豫地买下了那件白色的裙子。

“妈妈，我想去报名学习钢琴。”小丽又一次向妈妈提出了自己的愿望。妈妈却说：“钢琴有什么好学的，我看还是去给你报一个美术班吧。”于是在不征得小丽同意的情况下，妈妈给小丽报了美术班。

“爸爸，周末我们出去野餐时也带着浩浩吧，我跟浩浩都说好了。”小丽在收拾周末野餐用具时满怀期待地对爸爸说。“不行，咱们野餐完还有其他事情呢，人多了反而不方便。”爸爸一口回绝了小丽。

后来，小丽再也没有为自己选择过。因为她知道家里的所有事情由大人决定就行了，自己需要做的就是服从。渐渐地，小丽变得越来越没有主见，家里有什么事，小丽也不再关心。

孩子天生较弱势，但这并不代表他们没有抉择的权利。要想让孩子成为有主见的人，父母就要及时地放手，让他们感受到生命的五彩斑斓。只有让孩子自主去决定自己的事情，他们才会感觉到自己就是人生的主宰者，才会有更多的信心去开创自己的人生。

因此，为了孩子的幸福，家长请放开那只紧紧拉住孩子的手，让他自己做主吧。毕竟，过于安逸的环境，会使孩子形成依赖、懦弱、退缩的心理状态。在孩子成长过程中有意识地让孩子参与生活，参与家庭事务，让孩子获得基本的生存能力。或许很多家长都“狠”不下心，但这却是孩子成长过程中真正需要的“爱”。

无论孩子的年龄多小，都有适合他所做的家庭事务。如3岁以下的孩子，家长可以要求他在吃饭前摆好碗筷；3岁以上的孩子，家长则可以要求他端菜，或者在父母打扫卫生时帮忙递抹布；进入小学的孩子，家长就可以让他学习做饭、买菜……

这么做的目的，就是为了让孩子明白：所有的幸福都不是等来的，而是要靠付出得来的。当孩子在家务劳动中得到锻炼时，他自然就会体会到父母的苦心与不易，因此变得勤劳而坚强，而不是坐等享受。

孩子稍大一些之后，家长不妨试着让孩子了解家庭收支情况，甚至可以试着让孩子去分配收支，决定家庭采购计划。这些不仅可以让孩子了解生活，而且可以锻炼他们做决断的逻辑思维和能力，增加他们的自信心。

生活的意义在于经历。不去经历生活，那些从小习惯依赖别人逃避困难的孩子，长大后会经历加倍的痛苦。所以，让孩子去参与更多的家庭事务吧，这样的孩子才能活得坚强，才能更早地了解生活，了解这个世界，并且在参与家庭事务的决断过程中变得更加自信、果断。

PART 04

教会孩子面对挫折，就是给孩子创造幸福

“

那些从小被迫远离挫折、痛苦的孩子，

长大以后会经历加倍的痛苦。

不要阻止孩子品尝生活的真实滋味，

不要过度担忧孩子会失败、吃亏。

孩子不能被过度保护，

要放手让他们在风雨中历练和成长。

应该由孩子来受的‘罪’，

就让他们自己去受，

这将是父母送给孩子最大的财富。

”

挫折，是上天送给孩子的成长礼物

“人生不如意事十有八九”，这句话常被我们用来安慰遭遇挫折和磨难的朋友。

其实，我们更应当对孩子说这句话。因为，一个孩子如果小时候没经历过挫折，长大后其心灵必然是脆弱的，是难以抵御人生风雨的侵袭的。

如今，我们经常会在新闻上看到有些成绩优异、表现正常的孩子突然因为某个挫折而变得一蹶不振，甚至做出轻生或者其他非理智行为的报道。造成这种悲剧的很大一部分原因，就是因为这一类孩子从小没有受过挫折，心理太过脆弱，承受能力太差。

所以，在孩子成长的伊始，倘若遇到一些挫折，父母大可不必惊慌失措，或者因此否定孩子的能力。正确的做法应该是，引导孩子把挫折看成促进自己成长的机遇。通过战胜挫折，让孩子懂得更多生活和学习的经验及教训，能够在未来的日子里更好地处理各种各样的问题。

子萱从小就是个品学兼优的好孩子，而且一直担任班长一职。可是，到了小学五年级下半学期班干部换届选举的时候，子萱却没能继续当选班长。原因竟然是同学们认为她的工作能力不够强。

对于这样的打击子萱难以承受。回到家后，她委屈地向爸爸哭诉了事情的原委，并告诉爸爸自己再也不想上学了。不管爸爸怎样劝说，子萱就是没办法振作起来，总觉得自己以前当班长的骄傲不复存在了，自己从班干部变成了一个失败者。

后来，与老师沟通之后，子萱的爸爸意识到，如果不能彻底消除子萱心底的挫败感，那么对子萱来说性情或许会就此发生转变，甚至永远地消沉下去。为了“拯救”子萱，子萱的爸爸开始慢慢给子萱讲一些自己年轻时受挫折的经历，并告诉子萱：“我的很多成就，都是从失败和挫折的基础上创建出来的。一次两次的失败并不可怕，可怕的是遭遇挫折之后一蹶不振。一旦遭遇挫折和困境，我们要学会调整自己的内心，令自己始终保持良好的心态，摆脱内心深处的挫折感和恐惧感。千万不能因为困难和挫折而放弃自己的行动。因为我们一旦放弃，前面所有的努力都将白费了。”

慢慢解开心结的子萱开始重新振作起来，凭借自己的好成绩，在随后的选举中被同学们选为班里的学习委员，笑容又重新出现在了子萱的脸上。经历了这次选举风波后，她变得更加成熟坚定了。

在日记里，子萱这样写道：“经历了班长落选的失败之后，我认识到，失败其实是上天送给我的成长礼物。很多时候，不论喜欢与否，人都得去面对各种挫折和困境。了解了爸爸的经历之后，我明白了一个道理：不管什么时候人都要有面对现实的勇气，应该冷静地分析问题存在的原因，进而找到解决问题的突破口，将它变成有利于自己发展的机会。”

对孩子来说，挫折的发生是不可避免的。要想孩子不被挫折所击倒，父母就应在平时生活中，主动对孩子进行一些有关挫折的教育，让孩子从小就能勇敢地面对困难、面对挫折，明白经历挫折其实也是一种成长。

很多时候，人的潜在力量都是在困境中被激发出来的。因此，如果孩子在成长过程中遇到难题，我们一定要告诉孩子千万不要逃避，更不要把它推给别人，而是要迎难而上。遇到困难就想后退正是失败的前兆，所以我们一定要把这个前兆消弭于无形之中，避免进一步溃败的可能性。

在孩子的成长过程中，挫折和失败其实是上天送给孩子的成长礼物。我们要把孩子在生活中遇到的每一个难题都看作是一种磨砺，并鼓励孩子勇敢去面对。孩子只有在日常生活中得到了锻炼，才能发展成一个健全、独立的人。

不给接触困难的机会，孩子将弱不禁风

在我们倾尽所有去爱孩子的同时，一定要认识到另外一个问题：一个缺乏独立性的孩子，是无法适应现代社会需要的。可能很多家长并没有意识到自己对于孩子的爱已经超过了界限。我们不妨来看一看下面这些例子，看是否能在其中找到自己的影子。

事例一：幼儿园大班的萱萱在学校上了一节手工课，老师教孩子们用一堆零件拼出完整的模型，有飞机、汽车、房屋等很多种。课堂上老师带着大家做得不亦乐乎，萱萱开心得不得了。放学后，老师给每位同学发了另外一套模型零件，让孩子们回到家之后拼起来给家长看。萱萱回到家后，满心欢喜地要给爸爸妈妈“露一手”。结果没有了老师的引导，萱萱很快就把零件搞乱了，急得汗都出来了，却还是无法完整地拼起来。

一旁的妈妈忍不住了，说：“让妈妈来帮你弄吧，你看你拼这么久了也拼不好，一会儿都该洗漱睡觉了……”

第二天，班里只有一小部分同学拿着完整的拼装模型到校，其中就包括萱萱。老师表扬了这些同学，但是萱萱却怎么也高兴不起来。看着别的小朋友讨论拼装时的心得体会，她觉得妈妈帮自己拼好模型实在让她太丢脸了……

事例二：刚上小学的强强从小跟着奶奶长大。开学第一天，亲自送强强到学校的奶奶左思右想总是不放心，执意要把强强送到班里的座位上。在教室见了班主任之后，奶奶一个劲儿地跟班主任说：“我们家强强从小记东西就慢，背儿歌都没有别的小孩背得快。您讲课时尽量慢一点，不然我们强强听不懂也记不住……”此刻的强强在一旁恨不得找个地洞钻进去，心想：“我又不是傻子，只要别的同学能听懂，我就一样能听懂，我才不要老师把我当异类呢……”

事例三：初中三年级的丁丁是全年级的物理第一名，平时对培养动手能力的小实验非常着迷。丁丁每天写完作业后就自己照着课本上的课后小知识做一些小实验和小制作。但是最让他头疼的是，他有一个事事都要插手的爸爸。在他做实验或者手工遇到难题时，还没等自己开始思考，爸爸就会在旁边说：“哎呀这个简单啦！爸爸在你这么大的时候这都手到擒来的，来让爸爸给你露一手……”甚至在写作业的时候，爸爸也经常在旁边忍不住开口提示。虽然很多时候丁丁遇到的难题经过爸爸的稍加点拨便迎刃而解了，这也让丁丁钦佩得不得了。但是久而久之，丁丁渐渐对这些动手的实验和制作失去了兴趣。因为一遇到难题就有爸爸出马，丁丁丝毫没有成就感可言，兴趣也就一点点消失了。

对比以上这几个事例，相信很多家长都会从中看到一些自己的影子。虽然出发点和动机是爱，但是作为家长也要明白，不要把孩子看作是一个需要百般呵护的“宠物”。父母都是爱孩子的，但并不是所有的爱都是恰当的。只有能把孩子当作一个独立的个体来平等对待的父母，才是明智的。因为他们懂得，爱孩子，首先就是让孩子用自己的翅膀去飞翔，而不是将他们禁锢起来。只有这样，孩子才能学会独立，从容地走好自己的人生之路。

孩子的生存能力，需要从认识挫折开始

每个人都不愿意去经历挫折，希望无论工作还是生活都能够一切顺利。但是我们必须承认，在经历一定的挫折之后，才能真正提高一个人经受风雨和抵抗挫折的能力——无论是有意识地训练还是生活中的实践都是如此。对于孩子而言，挫折是其成长过程中不可忽视的一项阅历，有助于提高孩子的生存能力。

常言道“玉不琢不成器”，对于孩子的成长发展来说，没有经历过挫折和失败的人生本身就是一种残缺。一个孩子如果惧怕经历挫折的考验，就绝对锻造不出强大的心理承受能力。“生于忧患，死于安乐”，很浅显的道理，却需要我们用心去体会，用行动来实践，这可以从两个方面来理解：

第一，挫折在帮助孩子迅速成长方面起着重要作用。每一个人的成长过程都是一个不断适应社会变化的过程，而适应能力就是指学会调整自己的动机、追求和行为。一个人出生时，就像一张白纸，没有什么是非观，也缺乏相应的应对困难的能力。正是通过不停地经历挫折、失误、磨难，最终人才能学会在不同环境、不同时间、不同对象、不同规范条件下采取合适的应对行为。

第二，挫折还有助于增强孩子克服困难和承受挫折的毅力。现在大部分孩子长期生活在被关爱和照顾的环境中，因而他们对各种困难的体验不深，对遇到挫折的思想准备和承受挫折的能力准备都严重不足。一旦遇到挫折就很容易被彻底击垮。实际上，一个人克服生活中的挫折越多，就会收获越好的心态和越强的承受挫折的能力。心理学家把轻度的挫折比作“精神补品”，他们认为，一个人每战胜一次挫折，就等于为自己更好地面对挫折增添了一分力量，并为应付下一次挫折提供了“实战准备”。

如果家长觉得孩子还小，有关挫折教育的理论可能一时体会不到，那么不妨让孩子看看下边这个有关羚羊的小故事。

位于非洲大草原的奥兰治河两岸，生活着很多羚羊。动物学家们通过观察，发现了一个非常奇怪的现象：无论是奔跑速度，还是繁殖能力，东岸的羚羊都要比西岸的羚羊强很多。

他们利用一年的时间进行实验和观察，结果由东岸送到西岸的羚羊繁殖到了14只，而由西岸送到东岸的羚羊则只剩下3只。

这是为什么呢？动物学家们深感困惑。

经过反复的研究，他们终于找到了原因。原来，在东岸生活的动物里，不但有羚羊，还有一群野狼。羚羊们为了不被野狼吃掉，就不得不每天练习奔跑，使自己强健起来。而西岸只有羚羊这一种动物。由于没受到野狼的威胁，它们过着安逸的生活。结果可想而知，西岸的羚羊奔跑能力不断下降，体质也随之下降，繁殖能力自然也跟着下降了。

拿着这一结论，动物学家们恍然大悟，原来“物竞天择”说的就是这样一个道理：只有在挫折与磨难中艰难生存下来的物种，才能拥有更加顽强的生命力！

羚羊如此，人又何尝不是这样？请反省我们对孩子的教育吧。很多情况下，我们不忍心让孩子吃苦，去遭遇人生的风雨，而是像老母鸡保护小鸡一样，把孩子藏在自己的身后，怕孩子受到一点委屈。我们以为这样做，就能很好地保护孩子。殊不知，家长的这种做法，不但让孩子失去了在挫折中成长的机会，而且还会对孩子的个性、心理产生十分不利的影响。

挫折是一种宝贵的财富。孩子要健康成长，应学会乐观地面对挫折，接受挫折。只有不断经受困难和挫折的孩子，才能具有坚强的意志和强大的生存能力。同样，一个经得起挫折的孩子，才能生存得更好！

作为家长，我们不但要充分认识到“挫折”的价值，还应该在日常生活中注意培养孩子的抗挫折能力。这样，孩子才会在遇到挫折时表现出坚强、勇敢、自信的精神，用自己的力量和智慧去克服人生中一个又一个困难和挫折，一步步走向成熟，走向成功。

困境，是激发孩子无限潜能的最佳环境

甘地夫人是印度前总理，她不仅是一位出色的领袖，更是一个懂得如何教育孩子的好母亲。在她看来，我们的生活中既会有幸福，也少不了坎坷。教育孩子最重要的是培养他们健全的人格，让孩子能够从容不迫地应对日后生活中的各种困难。而作为母亲，就有责任和义务帮助孩子具备这种能力，让孩子学会坦然面对挫折，努力克服困难。

甘地夫人的大儿子拉吉夫在12岁那年，因为生病需要进行一次手术，拉吉夫对这次手术深感恐慌。当时，主治医生原本打算说一些“善意的谎言”安慰拉吉夫，如“手术并不痛苦，你用不着害怕”等。但是，甘地夫人却对他说：“孩子已经懂事了，这样欺骗他反而会对孩子造成不好的影响。”

所以，她没有采纳医生的意见，而是来到儿子身边，平静地对他说：“妈妈需要告诉你三件事情。第一，手术做完之后的几天，是很痛苦的；第二，你的痛苦只能自己承受，谁都代替不了，所以，你必须做好心理准备；第三，流泪和叫苦对减轻痛苦一点作用也不会产生，而且还有可能引起头痛。”

听了母亲的话，拉吉夫勇敢地接受了手术。在手术后的恢复过程中，拉吉夫并没有因伤口的疼痛而哭泣，也没有叫苦，而是勇敢地承受了这一切。

我们不得不为甘地夫人竖起大拇指。她看似狠心的教育，让孩子赶走了恐惧，用充满勇气的心迎接了一次巨大的挑战。

生活中既会有幸福，也少不了坎坷，我们的孩子总会经受失败和挫折。因此，父母要让孩子学会微笑着面对挫折。当孩子具备了这种“挫折抵抗力”，那么挫折面前的他，才不会轻易趴下，而是像被拍下去的皮球一样高高弹起。

一位日本妈妈说：“任何事情都要靠自己的努力，对孩子进行努力教育和挫折教育，让他们在失败中学到本领，将来才能自食其力。”作为家长，我们在教育孩子的过程中，不要怕孩子遇到困难。只要得到正确的引导，孩子就可以在经历困境并战胜困难之后，感受到不一样的自信和快乐。

我曾经听到过这样一句名言——生命如同奔流的长河，不遇到岛屿和暗礁，就难以激起美丽的浪花。这句话就是在通过比喻手法让我们体会到挫折和困境之于人生的深刻含义。虽然困难和挫折只会给人们带来伤心和失望，但不可否认的是，困难和挫折也会给人们带来积极向上的体验，让我们变得更加坚强。

因此，当孩子在成长过程中遭遇挫折、陷入困境的时候，作为家长一定要沉住气，不要在第一时间就想如何去帮助孩子脱离困境、如何去替代孩子解决他面前的难题。这样做的家长不是爱孩子，而是害了孩子。

父母要想让孩子在充满竞争压力的社会中立足，就必须对孩子进行挫折教育，以培养孩子坚韧不拔的意志和毅力。只有如此，孩子才会充满饱满的热情，克服人生路上的困难和挫折，最终梦想成真，做一个有益于社会的人。

这个时代的孩子，最缺乏的是挫折教育

曾经在一本书上看到过这样一段话：“世界上任何一所大学都不可能教会一个人如何变得成熟、如何在逆境中保持斗志，以及怎样在艰难中坚持自己的梦想，但是挫折却能够做到。”

如今的孩子大多被父母、长辈“捧”在手心里，生怕受苦、受累、受了挫折。这就导致大多数孩子缺乏挫折教育，就好像温室里的花草得不到风吹雨打的锻炼一样。

龙龙进入初中之后，由于课程增多以及其他一些方面的不适应，原本很好的学习成绩一下子滑落到了中等偏下。老师为此跟龙龙的父母沟通过几次，老师认为龙龙的基础没有任何问题，就是因为没有适应初中阶段的学习特点和节奏。再加上小学期间龙龙的成绩一直很好，突如其来的挫折让他失去了信心，乱了方寸……

龙龙的父母不忍心看着龙龙一天天消沉下去，于是拿龙龙最喜欢的动作巨星史泰龙的经历来鼓励他：

史泰龙出生在纽约的一所慈善医院。5 岁时，他与父母一起迁居明尼苏达州。“父母的爱并没有想象中那么温馨。”史泰龙说，“当时我的父母有着自己的痛苦与困难，因而在他们的生活中留给我与弟弟的时间就很少了。天啊，那并不是一个安宁平静的家，我的记忆里那段时光总是充满着争吵与矛盾。”

史泰龙的父母在他 11 岁的时候分道扬镳，母亲将史泰龙留给了他的父亲。15 岁那年，史泰龙已经上了 12 所不同的学校，大部分学校都是将他开除了事。成名后的史泰龙对这段经历记忆深刻：“我的学习成绩一塌糊涂，被人认为是一个带坏其他同学的典范。我的校园生活就像在地狱里一样，我必须干点什么来为自己赢得一点自尊与自信，可是我为此所做的出格的事情都犹如雪上加霜。”

高中毕业时，他竟然找不到一家愿意收录他的大学。好不容易他才得到了一家瑞士学院的邀请。学院希望他一边给女学生上体育课，一边学习戏剧课程。在瑞士这家学院，史泰龙获得了戏剧启蒙，他发现自己终于找到了人生的理想与追求。随即他回到美国，满怀希望地进入迈阿密大学戏剧表演系学习表演艺术。然而他的导师却认为史泰龙不是当演员的料，不但没有去引导、教导他，还总是努力劝说他退学。即使史泰龙认真、努力地学习，毕业考试时还是差了三个学分。他决心退学。

他来到好莱坞，找明星、求导演、找制片人，寻找一切可能使他成为演员的人，可他得来的大多是拒绝。“世上没有做不成的事，我一定要成功！”史泰龙内心对于成功的渴望始终没有熄灭。

后来，史泰龙开始重新规划自己的人生道路，尝试写剧本。剧本写得稍有成绩，他又拿着剧本四处遍访导演：“让我当男主角吧，我一定行！”结果仍然是一次次的拒绝。“也许下一次就行，我一定能够成功！”就这样，史泰龙靠着他内心的那份执着，终于找到了一个愿意为他投资的制片人。结果，史泰龙靠着这个剧本一炮而红，造就了一个电影史上的神话。

这部史泰龙自编自导自演的影片就是《洛奇》。史泰龙凭借此片一举赚得两亿两千五百万美元的票房。该片赢得了当年的奥斯卡最佳影片和最佳导演奖，史泰龙本人也获得最佳男主角和最佳原创剧本的提名。

讲完了史泰龙的经历，爸爸对龙龙说：“你看，再成功的人，也会有遭遇挫折失败而消沉的时候，这都不是大问题，没有哪个人可以永远一帆风顺地活着。虽然你到了初中学习成绩没有原来好了，但是只要你不被失败击倒，再拿出小学时努力学习的劲头来，爸爸妈妈相信你一定能够取得好的成绩。”

龙龙原来并不知道大明星史泰龙在成名之前也有这么多的失败经历。从那之后，他开始自己给自己鼓劲儿，鼓励自己要像偶像一样不怕失败，并战胜失败。到了期末的时候，龙龙的成绩已经从中等偏下提升到了中上等。不光是老师和父母，连龙龙自己都开心得不得了，他重新找回了信心。

挫折是人生的重要财富，历经挫折与磨难的人可以练就强大的应变能力以及解决问题的能力，并从中获得可贵的人生智慧和坚韧的意志品质。

道路越坎坷，成功的概率反而越大

在一座寺中有一个小和尚，他每天清晨都要做很繁重的杂务——担水、扫地、做早课。每次做完早课后他还要去寺后的市镇上购买寺中一天所需的日常用品。市镇离寺庙较远，他每往返一次都需要大半天的时间。从市镇回来后，他还要干一些杂活，然后读经书到深夜。

有一天，小和尚稍有闲暇，便和其他小和尚聚在一起聊天。通过聊天他发现别的小和尚过得比他清闲很多。虽然别的小和尚偶尔也会被分派下山购物，但他们去的是山前的市镇，通往山前市镇的路途平坦且距离更近，分派他们买的也大多是些比较轻便的东西。

而十年来方丈一直让他去寺后的市镇，距离远不说，道路还十分崎岖难行。方丈还总会让他去购买一些体积更大、更重的物品。小和尚为此深感不解，他带着诸多疑惑去找方丈，问道："师傅，为什么别人都比我自在呢？没有人强迫他们干活读经，而我却要干个不停呢？"方丈只是低吟了一声佛号"阿弥陀佛"，却微笑不答。

第二天中午，当小和尚扛着一小袋米从后山回来时，他发现方丈正站在寺院的后门处等着他。方丈招手让他过去。小和尚连忙把米袋送进厨房，然后跟着方丈一道去寺院的前门。方丈坐在那里闭目不语，小和尚不明所以，只好侍立在一旁。

待夕阳西下时，前面山路上隐隐出现了几个小和尚的身影，他们一路嬉笑欢闹，好不开心。当来到寺门前看到方丈和小和尚时，他们一下愣住了。方丈睁开眼睛，问那几个小和尚："我一大早让你们去买盐，路这么近，又这么平坦，怎么回来得这么晚呢？"

几个小和尚面面相觑后说道："方丈，我们一路说说笑笑，看看风景，就到这个时候了。十年了，每天都是这样的啊！"

方丈又问身旁侍立的小和尚："寺后的市镇离得那么远，山路又十分崎岖，你扛了那么重的东西，为什么却回来得这么早呢？"小和尚思考了一下说道："我每天在路上都想着早去早回。由于肩上的东西重，我才更小心地走，所以反而走得更稳、更快了。"

方丈闻言大笑道："道路平坦了，心反而不在目标上了。只有在坎坷的路上行走，才能磨炼一个人的心志啊！"

这个小和尚就是后来著名的玄奘法师。

道路曲折坎坷并不是通向目标最大的障碍，一个人的心志才是成败的关键。只要心中的灯火不曾熄灭，再崎岖的道路，也会变成我们通往成功之路的阶梯。

有人将坎坷比作磨砺青春与生命之刀的磨刀石，是我们求之不得的宝贵财富。我却要把坎坷比作前进道路上迈向成功巅峰的台阶。只有不断地经受坎坷与磨难的洗礼，我们才能最终摘取胜利的果实，才能最终品尝到胜利的喜悦。

对于孩子来说，可能他们还不曾体会到什么是坎坷，仅仅是一次考试的失利，朋友的争执，或者是任务的失败，就会让他们脆弱的心灵受到"一万点伤害"。

还有的孩子干脆就选择躲在父母的羽翼之下，凡事交给父母，自己始终不敢迈出独自决定的那一步。这一切都是因为，这些孩子脆弱的心灵惧怕坎坷挫折，没有勇气和信心去面对未来的人生道路。

所以，作为家长，要在生活中抓住一切机会去告诉孩子：那些没有勇气面对梦想的人才会害怕坎坷，真正有勇气去为了梦想而拼搏的人，都会像高尔基笔下的海燕一样，暴风雨来得越猛烈，它的斗志就越发昂扬。在有勇气的人眼中，坎坷只是奋斗道路上的小小热身，是通往成功之路的最好攻略。

经历的坎坷越多，积累的经验就越丰富，实力就越强，就越容易抵达最终的成功。只有让孩子明白了这个道理，他们才会在内心建立起对待坎坷的正确态度，不管是面对困难挫折还是身处困境，都能够做到冷静对待沉着“迎战”，而后在成长的道路上无往而不胜。

再大的困难，也要告诉自己“再试一次”

每个孩子在成长的过程中都不可避免地会遇到困难，遇到困难时，孩子总是会痛苦、伤心。有的父母看到孩子遇到一丁点儿困难，就会立刻介入到孩子的事情中，帮着孩子处理好一切。他们一次次把孩子从困境中解救出来，充当着孩子的保护神。父母的帮助看似帮孩子摆脱了困境，实际上却起到了相反的作用。家长适当地鼓励，适当地离开，让孩子有机会独自面对困难和挑战。可以培养孩子独自面对挫折和困难的勇气。

人生，就是一场战斗。与谁战斗呢？其实就是与自己的懒散、退缩、逃避等不恰当行为进行战斗。一个人如果能够战胜自己，他就能够战胜一切。很多时候，一项任务看起来似乎不可能完成，但是只要你能够鼓起勇气，勇敢地接受这项挑战性工作，并且竭尽全力去努力拼搏，大多数情况下，“不可能”往往就变成可能了。其实对于我们实现梦想的道路来说，最大的障碍不是别的，它就来自于我们自身对自己的否定。

卡耐基在一次演讲中说道：“很多人都比自己想象的更精明能干，可人们却在不知不觉中对自己的智慧进行了贬低。”这句话指的其实就是那些做事浅尝辄止或在困难面前轻易说放弃的人们。

曾经有一个充满好奇心的小女孩，有一天她突然对“豆芽是怎么来的”这个问题产生了浓厚的兴趣。于是她的妈妈就带着小女孩一起在家里做起泡豆子发豆芽的实验，妈妈想通过实验让女儿明白豆芽是怎么来的。

结果豆芽并没有她们想象的那么好泡。一次失败了，两次失败了，一连好几次，豆子都没有像她们期待的那样长出豆芽。小女孩很伤心，开始心灰意冷，她告诉妈妈:“我现在不想知道豆芽是怎么来的了，我们放弃吧。”

但是她的妈妈并没有接受小女孩的建议:“让我们找找问题出在哪，然后再试一次。”小女孩的妈妈一次又一次地用这句话给小女孩鼓劲，终于在失败了 6 次以后，在第 7 次的实验中，豆芽长了出来。小女孩欣喜若狂。她知道，如果没有妈妈坚持“再试一次”的鼓励，她必然不会有成功的这一次。

如今这个小女孩已经长大了，她以优异的成绩被哈佛大学录取，并顺利完成了学业。被问及如何在学业上取得成就时，她回忆说:“妈妈那句‘我们再试一次’就像神奇的肥料，养育着我的好奇心，让我在努力奋斗的道路上始终能够以一颗平常心对待困难。我的成功是无数次的失败换来的，而帮助我战胜这无数次困难的，就是妈妈的那句话。”

所以，当孩子遭遇一次又一次的失败，并因此而一蹶不振，不愿再坚持的时候，作为父母，应当为孩子提供尽可能的帮助和鼓励，让孩子鼓起勇气去再试一次。在日常生活和学习过程中，如果发现孩子对某件有意义的事很感兴趣的时候，父母要及时给予鼓励，并督促孩子把这件事都做完、做好。只有让孩子对“坚持就是胜利”这样的语言有了深刻的印象，在遇到挫折时他才会爆发潜力，从而坚持到底。

一个受不了委屈、经不起挫折、害怕困难的人，是无法面对生活中激烈的竞争的。因此，与其为孩子安排好一切，不如教会孩子面对一切，这才是对孩子真正的爱。作为家长，不妨在孩子的成长道路上“制造”一点挫折，让孩子学会在逆境中保持自信，学会在挫折面前保持乐观，泰然处之。要知道，孩子经受的任何一次挫折，都是对孩子承受能力的一次绝好的锻炼机会。

骄兵必败，记得永远保持谦虚心态

小超从学校回到家，气鼓鼓地坐在沙发上，父母赶忙走过去追问他怎么了。原来，小超在学校举办的数学竞赛中输给了另外一个同学，老师让小超多向那位同学学习。小超心里很不服气，觉得那个同学平时成绩还不如自己呢，因此很不开心。

小超的妈妈听了之后，严肃地批评了他："老师让你向那位同学多学习，没有任何不对的地方。人家这次竞赛赢了你，你应该虚心接受才对。要知道，这个世界很大很大，天外有天，比你强的人比比皆是，要正确认识这个现实。即便是那位同学平时成绩不如你，但是就这次竞赛而言，人家确实比你取得了更好的成绩，你向他学习也是应该的。"小超听了妈妈的话，惭愧地低下了头。

不愿认输是人的本性，不可能人人都赢却是事实。孩子年纪尚小，无法参透输赢之间的微妙关系，父母可通过语言鼓励的方式去平衡孩子的心理变化。如当孩子成绩不如意时，不要忽视孩子付出的过程，此时对失落的孩子而言最温暖的声音是父母肯定他的努力，而不是质疑他的能力。其实，对于大多数孩子身上那股不服输的劲头，家长首先应该感到欣慰。这种精神有时候可能是一种积极的竞争精神，但有时候也可能是因为孩子太过骄傲，变得目中无人。

如今的很多孩子，从小就习惯了以自我为中心的生活环境，使孩子不能正确地认识自己，也看不到别人。如果孩子总是用自己的"骄傲"把自己锁在"骄傲王国"里，总是觉得别人的成绩和优点微不足道，却没有意识到自己的狭隘，这对他们的成长是极为不利的。

有一个博士生毕业之后到一家研究所工作。按照学历来说，他是所里学历最高的人，他因此自豪不已，平时看谁都不放在眼里。有一天他到单位后面的小池塘去钓鱼，正好正副所长坐在他的一左一右，也在钓鱼。他见到领导们也只是微微点了点头，心想，两位所长都是本科学历，跟他们有什么好聊的呢？

不一会儿，正所长放下渔竿，伸伸懒腰，做出了一个惊人的举动：他竟然一脚跨进水里，然后从水面上快步如飞地走到对面上厕所。博士眼睛瞪得都快要掉下来了。这是什么功夫？水上漂？这可是一个池塘啊，这不科学！然而所长上完厕所，同样还是从水面上“漂”回来了……博士实在是想不通，但是觉得自己身为博士，又不好意思去问本科生，只好把好奇憋在肚子里。

又过了一阵儿，副所长也站起身来，同样“漂”过水面上厕所。博士更加诧异不已：“不会吧，难道两位所长都练过功夫不成？”

这时博士自己也内急了。这个池塘比较宽阔，两边有围墙，要到对面厕所需要走10分钟的路，而回单位上厕所的路程比这个还远。怎么办？但是碍于面子他又实在不愿意去求助两位所长。憋了半天实在憋不住了，他想：“我就不信本科生能过的水面，我一个博士就不能过。”他起身就往水里跨，只听“扑通”的一声，博士栽进了池塘里。

两位所长吓了一跳，赶忙将他拉了出来，奇怪地问他为什么要跳进池塘。博士问：“为什么你们可以走过去而我就不行呢？”两位所长听了之后哈哈大笑：“这池塘里其实有两排木桩子，原本就是让人踩着去对岸的。由于这两天下雨涨水正好淹没了木桩一点点。我们以前经常走，心里都知道这木桩的位置，所以可以踩着柱子过去，你初来乍到不熟悉情况，怎么不问我们一声呢？”

博士听了，连脖子都红了。都是他自以为有学问，比别人强，才碍于面子不好意思开口去问的，最终自己品尝到了骄傲的苦果。

这虽然只是个笑话，但讽刺的不正是那些心怀自傲心态的人吗？家长一定要教导孩子懂得谦虚，学会吸取别人身上的优势，来弥补自己的不足之处。作为父母，要正确看待孩子的骄傲情绪，切莫操之过急，采用简单粗暴的应对方式，这样只会给孩子带来更加严重的负面影响。我们应该找出孩子骄傲的原因，寻找解决问题的对策，对孩子适时加以引导，如让孩子多参加一些集体活动。通过参加集体活动，使孩子品尝到成功带来的喜悦，体验到与他人合作的意义，从而走出自我的圈子。

PART 05

幸福的孩子苦着教，再富也要苦孩子

“

大多数父母认为，

即使生活再苦也不能苦孩子。

殊不知，

不让孩子吃苦，

会让孩子在无形中养成骄奢攀比的不良习惯，

性格乖张，

不思进取。

”

慈母多败儿，别让孩子只知道舒服地生活

相信不少人还记得几年前的一则新闻：留日学生汪某因学费问题与前去接机的母亲发生争执，并对母亲连刺 9 刀，致其母胃部及肝脏破裂，在特护病房住了整整 7 天才脱离生命危险。

后来了解情况才知道，汪某留学日本 5 年期间从不打工赚钱，还一直向同学标榜自己的家庭条件很好。而实际上，他留学日本的所有费用都靠母亲每月 7000 元的工资来负担。为了儿子，母亲顾某曾多次向朋友借钱。最后一次因为母亲寄生活费的时间晚了几天，致使汪某心生怨恨。顾某在机场接到儿子汪某时，儿子竟因为此事与母亲直接发生争执，情急之下竟然对亲生母亲举起了刀子！

当时这则新闻让我惊悚又唏嘘，惊悚的是一个人怎么能不顾及母子亲情，对母亲下这样的狠手；唏嘘的是，儿子汪某走到今天这一步，做家长的难道就没有一点责任吗？家长从小是给他进行了怎样的教育才让他走到今天这一步的？

俗话说，孩子是父母的镜子。问题出在孩子这里，而“病根”却在大人身上。不少父母从孩子年幼时就对他百般疼爱、百般娇宠，要什么就给什么，以为这是爱孩子最好的表达方式。然而事实上，这种溺爱的方式非但没有换来孩子应有的回应，反而让他变得冷漠无情。

为了避免上述悲剧的发生，家长们应该树立“不溺爱”孩子的意识。具体来讲，父母可从以下两方面入手。

首先，要学会拒绝孩子的不合理要求。

如果父母不懂得拒绝孩子，那么孩子的要求将会是没有止境的。他今天可能向你要第30个变形金刚，明天就可能想跟你要月亮、要星星。诚然，即使是50个变形金刚，多数父母也能买得起，但是当孩子要你摘星星够月亮的时候，你还能满足吗？

要什么给什么的教育方式不是对孩子的爱，而是一种变相的伤害。所以，父母一定要学会对孩子说“不”，对他的无理要求坚决拒绝，给孩子设立其不能逾越的底线。

其次，不要对孩子事事包办，让孩子过得太过安逸。

正所谓“生于忧患，死于安乐”，要想让孩子成才、成功，父母就不能事事包办，越俎代庖，而是应当鼓励他们自己去玩、去思考、去探索。就像狮子一样，狮妈妈会让幼狮接受大自然的磨砺。尽管某些时候，这种磨砺看起来很“不人道”——饿了自己找食吃；渴了自己找水喝；受伤了，就用舌头舔伤口。但是，只有让它独自接受生存的挑战，它才能在大自然的环境里顺利地活下来。

家长对孩子的教育和培养也是如此。如果家长一味地满足孩子的任何要求，只会把孩子养成“笼中狮”，毫无生活技能，最终被社会所淘汰。真正爱孩子就要放开孩子，去培养孩子的独立性，才能让孩子了解生活的真相，从而成长为勇敢和懂得感恩的人。

再富也要苦孩子，别让孩子从小就骄奢

与中国人常说的“再穷不能穷孩子”不同，西方人崇尚“再富不能富孩子”。包括比尔·盖茨和梅琳达·盖茨夫妇，以及巴菲特在内的很多富翁都意识到，让孩子拥有一种天生的金钱优越感对孩子的成长是百害而无一利的。他们通常只给孩子很少的零用钱，并鼓励孩子自己去打工赚钱，从而让孩子明白：获得金钱的过程是很不容易的。有价值的财富要靠自身的努力去积累，而积累财富的过程比财富本身更有价值。

有的家长会对此提出辩解：如今生活条件好了，不愿让孩子再受自己小时候受过的苦。自己小时候要什么没什么，现在就是要让孩子要什么有什么，给孩子一个幸福的童年，让孩子的童年不留遗憾。

然而这些家长考虑过没有，那些物质堆砌中教育出来的孩子，他们能够了解生活的来之不易吗？孩子吃不得苦，受不得难，遇到一点挫折就打退堂鼓。这样的孩子，从小就埋下了骄奢的种子，又怎么可能体会到生活的真谛？

想让孩子摆脱骄奢的阴影，我们就不能将教育仅停留在口头上。在日常生活中，作为父母一定要避免过度的物质生活享受。对于孩子，物质上的东西一定要从简。即使家里生活条件非常好，也不能养成孩子花钱大手大脚的坏习惯，而是要从精神上让孩子富足，这样才能培养出懂道理的好孩子。

谷超是学校里的明星，可他的“出名”却并非因为学习，而是因为他的习惯——每天都要穿不同的衣服，每周都要去逛街买东西，在学校花钱大手大脚……对于此，爸爸劝诫过他多次，可谷超却说："爸爸，这些东西也花不了几个钱，咱们又不是买不起。您为什么总是要指责我呢？"

该怎么纠正孩子的这个毛病呢？想了好久，爸爸终于有了主意。一次，谷超的二叔要回农村老家，爸爸让谷超也一起回去，并对他说："孩子，你还没有去过农村的老家，这回你见见长辈们，同时也看看农村的人们是怎么生活的吧！"

一个月后，谷超回到了家里。令爸爸欣喜地是，谷超变得沉稳了许多，不再急着去买新衣服，而是将一些从没有穿过的衣服打包装箱。

"谷超，你这是要干什么？"爸爸不解地问。

谷超抬起头，说："爸爸，这次回老家，让我感觉自己以前太不懂事了。我原来以为，所有人的生活都和咱们一样，谁知道看到二爷爷的生活，不禁让我大吃一惊。二爷爷不要说喝可乐，现在喝水都还要打井；婶子家的小弟弟衣服已经穿了两年，有的地方都打了补丁，可是到现在还舍不得扔。我的生活这么幸福，可我却一点也不懂珍惜……这些衣服我都没有穿过，所以，我想把它们寄给弟弟。"

这件事后，谷超大手大脚的习惯逐渐改善，花钱的时候，也懂得了权衡和节约。爸爸觉得谷超成长了许多。

让孩子亲身去体验一下"苦日子"，会让他们的内心受到直观影响。以谷超的故事为例，通过对比，他得到了这样的暗示：爸爸能够给自己提供高水平的生活方式，并不代表人人都能过得如此；在爸爸出生的村子里，还有很多人生活得很艰辛。而爸爸之所以拥有现在的一切，都是靠他一点点辛苦打拼出来的，自己又怎么可以继续理所应当地享受呢？

中国有句古话说："由俭入奢易，由奢入俭难。"一个孩子如果从小就养成了大手大脚花钱的习惯，那么他这种骄奢的风气会陪他长大，并且会对他未来的生活和发展产生不可忽视的负面影响。所以，即使家庭条件优越，为了更好地培养孩子，父母也应该适当地让孩子"苦"一点。在家庭生活中父母应做到勤俭节约，并且要时常灌输给孩子这样的事实：爸爸妈妈赚钱不容易，一定要节省着花。这样一来，就会逐渐培养起孩子的节俭意识，让他学会感恩，学会节约，从而更加珍惜自己的幸福生活。

少给点优越感，别让孩子从小就学会“拼爹”

洋洋读小学五年级，在很多同学眼中，洋洋虽然算不上“大款”，但平时也绝对算个“高消费”一族。看看洋洋的衣服、鞋帽就知道，每一样都是大商场里的牌子货。去洋洋家玩的同学也发现，洋洋房间里的布置也相当“高大上”。

那么，洋洋家的经济条件一定很好吧？

其实不然。洋洋的父母都是企业里普通的小职员，生活勉强在小康水平。可洋洋却从不顾及父母的辛苦和家庭的经济情况，总是向父母要这要那，非名牌不穿，非高档不要。为此，洋洋的爸爸妈妈省吃俭用，把钱都花在了儿子身上。

爸爸妈妈也曾试图教育过洋洋，但没有起到太大作用。常常是父母说一句，洋洋有十句顶回来。洋洋常说的理由就是：别人都穿名牌，自己不能太差，那样会被人家瞧不起；别人吃的用的都是高档货，自己也不能太寒酸。

每次听儿子这么说，爸爸妈妈虽说无奈，但一想到只有这么一个宝贝儿子，索性就满足了他的要求吧。

也许你身边也有像洋洋这样的孩子，同时也存在像洋洋父母这样的爸爸妈妈。洋洋显然是爱攀比的典型，而他的攀比心形成的主要原因来自父母的教育失当。当代中国家庭尤其是独生子女家庭，父母把全部的爱都集中到了一个孩子身上——自己孩子穿的、戴的都不能比别人差；别人的孩子买什么，自己家的孩子也要买，绝不能让人家比下去……久而久之，父母这种带着攀比的爱就会不知不觉根植在了孩子的内心，从而形成了孩子的攀比意识。

作为父母，也要多从自身角度去找原因，首先做到对待孩子时疼爱有度，不要放纵孩子。如果父母对孩子有求必应，很容易会导致孩子养成过度以自我为中心的心理，在某种程度上助长他们追求优越感的心理。而父母对孩子百依百顺、娇生惯养、姑息迁就，孩子就会有恃无恐、消费无度，进而很容易造成攀比惯性。

同时，父母也要注意，不要存在“我的孩子不能比别的孩子差；别的孩子有的我的孩子也应该有；别的孩子没有的，我的孩子也要有”的想法。如果连父母都有这种虚荣心，那么就很难在实质上帮助孩子，反而会推着孩子朝着错误的方向越走越远。

如何正确对待孩子追求优越感的攀比心理，是我们家庭教育中的一个重要话题。这个问题在孩子的成长过程中有的时候也许不会那么明显，但处理不好这个问题，对孩子的成长影响就会很大，甚至有可能会影响到他们的一生。而且对于大多数的父母来说，这方面的教育也是在对孩子进行教育时最容易疏忽的。

孩子年龄小，心智尚未成熟，尚未形成正确的价值观和审美观，这就需要父母多加引导，让孩子学会正确地比较。比如，告诉孩子不要只看自己和他人所取得的成绩和好处，而应比较一下彼此对集体做出的贡献；不要和别人比吃比穿，而应多比较一下彼此的学习成绩和进步情况。同时父母还要提醒孩子，不要与和自己相差太多的同学来比，那样很容易造成孩子的自满或者自卑情绪。

从孩子成长的角度来看，孩子追求优越感的心理也有一定的正面作用，关键在于家长如何去引导。有的时候，攀比也有着正面的意义，如孩子不断向比自己强的人学习，就可以激励孩子不断进步，等等。

孩子的学习积极性不够，父母可以采取一定的奖励制度，把孩子喜欢的东西作为奖品。但父母需要注意的是，使用这个方法时不能操之过急，要订立合理的目标。

对于孩子追求优越感的心理，父母要耐下心来，首先从自身去寻找问题、找原因，然后再认真地分析孩子产生这种心理的原因，而不是一味地斥责或者惩罚孩子。

常言道“心病还须心药医”，父母应采取恰当的方法，帮助孩子认识到单纯追求优越感的心态是不对的，而应该把比较的重点放在自身的成长上。这样的引导有利于孩子摆脱攀比心理，也有利于孩子形成正确的价值观。

不要滥用物质奖励，小心激励成了“贿赂”

我们身边不少家长都喜欢用物质奖励孩子，以便让孩子听话、好好学习、多做家务等，效果表面上来看似乎也很显著。但事实上，物质奖励并不是一种很好的方法，特别是很多家长存在滥用物质奖励的情形，这对于孩子的成长会造成很多隐患。

这天慧慧要参加考试，临上学前问妈妈：“妈妈，我考试好有没有奖励？”

妈妈逗慧慧说：“没有。”

没想到慧慧当时就变脸了，非常不高兴地说：“没有奖励我还考什么试啊，干脆不参加了，你看着办！”

慧慧妈万万没想到女儿小小年纪会说出这样的话来威胁大人。不过究其原因，慧慧妈自己也清楚，这个坏习惯的养成要从孩子上幼儿园时说起。

慧慧刚开始上幼儿园时很不适应，每天早上上学都要哭闹。正当全家人都一筹莫展时，爷爷说：“你听话去上学，放学后爷爷带你去吃汉堡。”没想到这个方法竟然出奇地管用，于是渐渐地大家都学会了这一招。“把饭吃完，就给你买酸奶”“把玩具收拾好，带你去坐摇摇车”“在学校表现好，给你买新鞋子”，甚至“收拾自己房间卫生奖励 5 块钱”……

慧慧就在这样的环境中慢慢长大，渐渐地，家人觉得慧慧对于物质的要求越来越高。更让家人寒心的是，慧慧与家人的关系仿佛越来越向着物质的天平倾斜。家长们在与慧慧交流的过程中都觉得，如果少了物质这个因素，甚至没办法跟慧慧顺畅地沟通了，这让他们很是头疼。

从本质上来说，人的行为动力来源于两大动机，即外部动机和内部动机。而物质奖励会让人的内部动机消减，最后只能依靠外部动机行动，否则就会丧失行动的动力。

因为慧慧从小就习惯了各种物质奖励，这就导致她的行为只以获得奖励为目的，而忘记了自己的兴趣与初衷。慧慧平时的行为模式变成了为奖品而行动。哪天没有奖励了，慧慧就不愿行动了，错误地把行为作为交换奖赏的筹码，把努力变成了一场交易。正是由于慧慧的家长从小对慧慧滥用物质奖励，才会造成她如今的种种问题。

在孩子成长的过程中，当他们取得一定成绩的时候，通常都会渴望别人的肯定，很多父母则习惯用奖励的方法给予孩子肯定。只是在奖励的这个过程中，父母要明白，精神上的鼓励远远比物质上的鼓励更胜一筹。过多的物质奖励会让孩子变得功利；而精神上的鼓励则可以让孩子心理上得到满足，产生一种更加强烈的动力，让他们不断地前进，从而获得更好的成绩。

曾经有一个小男孩，他所在的学校有一位善良而美丽的女老师，无论她走到哪里，都会成为人们眼中的焦点。她深受学生们的欢迎，她的学生（特别是男学生）都非常希望得到她的喜爱和重视。

这位女老师非常喜欢班上一个名叫罗斯的学生，因为他学习成绩突出，并且很守纪律。在罗斯班级毕业典礼的那天，女老师安排罗斯在典礼上致辞，并亲吻他，祝愿他走向成功之路。

这个小男孩非常羡慕罗斯，为了能够同样得到女老师一个吻的奖励，小男孩开始暗暗努力，发愤学习，没过多久，他的成绩就提高了很多，他成功地引起了这位女老师的注意。受到鼓舞的小男孩学习更加努力了，很快就在整个年级中脱颖而出。毕业时，他的愿望也终于实现了——他真的得到了那位美丽的女老师一个吻的奖励。这个小男孩就是后来的第 33 任美国总统亨利·杜鲁门。

这个小故事很有代表意义。虽然只是一个吻，但是它变成了一个孩子奋发图强的动力。最终小男孩成为杰出人才，可以说这个吻的奖励激发出的潜力远远胜过任何物质上的奖励。作为父母，要多思考这个小故事所蕴含的意义，同时要及时反思，看看自己在奖励孩子的问题上是否存在滥用物质奖励的行为。要知道，靠物质奖励激发起来的不良行为，就必须靠不断升级的物质奖励来维持前进。

对孩子将来而言，如果家长长期滥用物质奖励，他们难免会养成凡事“物质第一、金钱第一”的错误价值观，谁有好东西就向谁靠拢，从而严重影响今后的为人处世方式。因此父母在奖励孩子时一定要掌握正确的方法和分寸，最重要的是，父母不要以物质代替情感。有的父母会说：“我平时上班太忙了，很少有和孩子交流的时间，那就用物质来补偿吧！”但是他们不知道，父母这样做时，孩子不仅不会懂得对大人的给予表示尊重和感恩，而且还会由此变得更加贪婪。

“物质代替情感”是最大的溺爱。物质不能代表爱，溺爱也不会拉近父母和子女之间的感情。要想做个称职的父母，不妨多抽时间陪陪孩子，与孩子一起做游戏、谈谈心，这才是真正意义上的爱孩子！

从零花钱入手，让孩子从小学会理财

美国商业巨子洛克菲勒认为，学会理财是孩子以后创造财富的基础，也是形成许多优秀品质的根本。作为家长，不要觉得孩子还小，钱的事不用他们关心，这样的想法是错误的。我们应该从小就培养孩子正确的金钱观，对孩子实行理财教育。商业巨子洛克菲勒的成功就离不开身为精明商人的父亲的影响，他的父亲是一个有着极强商业意识的人，一直用自己的言行影响着儿子。在洛克菲勒很小的时候，父亲就总是不厌其烦地向他灌输商业意识："人生只有靠自己，做生意要趁早。"

在洛克菲勒 7 岁时，他在森林里发现了一个火鸡的鸡窝。于是，他抱走了鸡窝里的几只小火鸡，并开始悉心照料它们。渐渐地，小火鸡长大了。等到感恩节的时候，洛克菲勒便将这些已经长大的火鸡卖给邻近村子里的农民，从中赚到了一大笔镍币和银币。他的这一行为，受到了父亲的大力赞扬。

在父亲的影响下，洛克菲勒靠着从小养成的敏锐的商业意识和极强的逻辑分析能力以及出奇制胜的经营策略，年纪轻轻时就表现出了非凡的财富能力，最终成为几乎垄断全美石油业的"石油大王"，美国第一个亿万富豪。

看完了洛克菲勒的故事，反观我们的家庭，尤其是一些独生子女家庭，父母在孩子身上可谓毫不吝啬，孩子想要什么，父母就会给买什么。在孩子看来，金钱就像是大风刮来的，得来很容易。这样的孩子长大后，花钱会有计划吗？没有钱时他们又该怎么办？

所以，想让孩子将来生活得更好，不会为如何妥善地支配钱财而发愁，那么在他年幼时，父母就应该着手培养他们的财富观念，如今也称之为“财商”。父母可以首先从孩子的零花钱入手，比如定时定量发放零花钱，让孩子自己做主安排用度。甚至，我们还要引导孩子学会自己去赚取零花钱。

儿童行为学家经过研究发现，对孩子进行早期理财教育将直接影响他一生的成就甚至命运。孩子在 5~14 岁时，是理财能力得到培养的关键时期。但实际上，一些外国家庭已经有意识地将培养孩子的理财能力逐渐提前。美国家庭中，孩子一般在 3 岁时就能辨认不同面额的硬币和纸币，6 岁的时候父母就会培养孩子具有“自己的钱”的意识，等孩子长到 12~13 岁，父母就会要求孩子自己尝试打工赚钱。法国家庭中，孩子一般从 3 岁起，就要接受来自父母的“理财课程”。在这一课程里，父母会向孩子灌输基本的货币概念。等孩子长到 10 岁左右时，往往就已经有了自己独立的银行账户。还有不少外国父母积极培养孩子理财观念的案例，在此就不一一列举了。

那么，家长应如何让孩子学会合理地管理自己的零花钱呢？一般来说，要教会孩子学会合理消费，让孩子树立起正确的金钱责任感及价值观，家长首先要做到按时、按计划发给孩子零花钱。注意，父母要做到按时给予孩子零花钱，“按时”是教孩子学习花钱规则的关键所在。父母在给孩子零用钱时要做到有计划，并告诉孩子在此期间每天可以花多少，如果提前花完了，就不会再给零花钱了。这样做的目的是让孩子意识到要有计划地去支配零花钱，一旦认识到这一点，他们就会想办法把自己手中的零用钱做一个统筹的安排，而不至于花钱无节制。

此外，我们还要在日常生活中告诉孩子，要学着尽量减少金钱的支出，这样手中的零花钱就会多起来。有什么方法可以少花钱呢？例如，买东西之前必须要想清楚是否真的需要，可以让孩子在心里问自己“这个东西买来可以用多久？”“我是不是已经有了类似功能的东西？”此外，还可以让孩子试着把自己想买的东西列个清单，然后根据自己的需要去买东西，不要一到了商场、超市就眼花缭乱，看到什么都想买。

作为家长，要在孩子很小的时候就给他灌输“付出才有收获”的观念，在日常生活中，不妨给孩子布置一些有偿的劳动作业。比如扫地、铺床、倒垃圾等，根据不同的劳动强度，给孩子规定一定的报酬。做这些家务不但可以锻炼孩子的劳动能力，也能让他们体会到“自食其力”的过程和意义。

对于孩子来说，这些因势利导、切合实际的理财教育，会使孩子初步建立起对于财富和劳有所得的概念。通常来说，那些善于管理零花钱的孩子，长大之后都拥有比较高的财商，因为他们从小就建立起了正确的财富观念，懂得如何管理财富，赚取财富。而这些观念会在潜移默化中影响他们的消费观念，生活态度，甚至是价值观。

把钱“借”给孩子，而不是无限供应给孩子

在这个世界上，金钱不是万能的，但没有钱是万万不能的。这句话虽然语近调侃，但反映的却是我们和孩子都需要面对的现实。前几年一度流行的一句口号“再穷不能穷教育，再苦不能苦孩子”，相信被不少人当成向孩子敞开钱包的理由。只要孩子说一声“要”，父母就马上给买到，但其实这并不是一件好事。因为幼年时期形成的金钱观念会影响孩子的一生。

一个人的很多习惯都养成于青少年时期，从一个孩子对待零用钱的态度，就能折射出将来他当家理财的点点滴滴：一个从小克勤克俭的孩子，长大后花钱自然不会大手大脚、毫不克制；小时候花钱不懂得克制的孩子，长大后自然不会合理支配财物，也不懂得如何合理消费。

我们不妨看看财富观念极强的家长是如何处理这个问题的。

已经读中学的皮特是个小小“摄影发烧友”，前不久参加了由同学们自发组成的摄影小组。妈妈很支持皮特，就把家里一台用了两年的便携相机给了皮特，并鼓励他好好拍摄照片。

一段时间之后，皮特的摄影技术有了长足的进步。摄影小组经常会组织一些摄影活动，并从大家的作品中选出优秀的作品用来在学校展览。皮特虽然在构图等方面有了一定的功底，但是毕竟手里的便携相机在性能上与其他同学的专业相机有很大差距。于是，皮特请求妈妈给自己买一台入门级的单反相机，可没想到被妈妈态度坚决地拒绝了。原来，皮特的妈妈为了培养孩子的理财意识，决定“为难”一下

儿子。她郑重地对皮特说："想要新相机可以，但费用要自理！"

皮特一听眼泪都快下来了："妈妈，我的钱不够啊！虽然平时我没花完的零花钱都存下来了，可离买相机还差得很远啊，怎么办呢？"

妈妈说："现在你已经上中学了，是个大孩子了。你愿意跟我做个交易吗？"

皮特点点头。

妈妈接着说："你可以把你所有存下的零花钱都拿出来去买相机，剩下的部分妈妈借给你，但是你要分期用自己的零花钱来还给我。"

皮特听了妈妈的话，有些沮丧地说："可是我的零花钱那么少，我什么时候才能还完呢？"

妈妈说："为了让你有更多的零花钱，你可以通过帮我做些家务来赚取，或者利用节假日外出做零工来赚钱。总之买相机这笔钱你是要还给我的，怎么样？"

为了自己心爱的单反相机，皮特爽快地答应了。在正式上岗之前，妈妈认真地告诉他赚钱的规则——所有的家务活都要认真去做，而且每次干完活妈妈都要进行验收。如果妈妈发现他干得不认真，他所得到的报酬就会减少。

一开始，机械而繁重的家务活让皮特感到很不适应，但为了单反相机，他还是坚持了下来。慢慢地，他开始适应了这样的生活，而且爱上了这种付出劳动赚取报酬的成就感。他不仅承包了好几个邻居家的草坪修整工作，还利用暑假时间给社区住户送报纸和牛奶，赚到了不少钱。通过自己的辛勤劳动，他不仅还上了妈妈给他买相机的钱，另外还剩余了不少。看着自己手中的钱越来越多，皮特计划下一步把这些钱投资在摄影俱乐部，承包相片冲印业务，去赚取更多的钱。

皮特妈妈的做法是很值得父母们去学习的，在如今，投资理财已经是一项基本技能，更是一门学问。对于孩子来说，学会如何理财，不仅是生存的需要，也是非常现实的选择。欧美有些国家国家很注重对下一代的理财教育，甚至在幼儿园里就安排了理财的课程，灌输孩子理财之道，培养孩子的理财能力。

在中国的教育体系中，父母就像是一个"提款机"，只要孩子有需要就会满足。而且父母几乎不怎么和孩子谈钱，更多关注的是孩子的健康和学习。而且，在家庭日常生活中，家长往往过分限制或替代孩子进行消费，不给孩子选择和思考的机会。

孩子缺失理财教育的一个重要特点，就是压根儿没有金钱意识，孩子不知道金钱是从哪里来的。在孩子的眼中，金钱就像是一种玩具，一张可以随意摆弄的纸。他们完全忽略了金钱背后的劳动付出。以往传统的家庭教育与应试教育模式下，我们往往过度重视对孩子智商的培养而少了情商与财商的教育。

作为父母要知道的是，理财能力是一个人必备的基本能力之一。孩子慢慢地长大，他们不可避免地要走向社会，要接触金钱。而一个孩子有着怎样的理财能力，在很大程度上会影响他以后走上社会独立生活以及步入婚姻家庭的幸福程度。

事实上，正如智商、情商一样，财商已经越来越成为一项重要的能力。财商教育是每个孩子不可或缺的人生启蒙课。只有让孩子从小真正去面对这个复杂多元的世界，了解物质财富对于个体人生的价值，掌握更多合法合理让财富保值增值的方式，他们才会在必要时做出最佳选择。给孩子支配金钱的权利和机会，在培养孩子理财意识的同时，也培养了孩子自我管理、自我规划的能力。这对孩子的自信心和自主性的提高尤为重要。

苦难是强者的财富，弱者的深渊

苦难是人生的必修课，也是人生的一笔财富。它能磨炼人的意志，让人和善，让人坚强，让人奋斗。经历过苦难的洗礼，人们才会更加珍爱生活、珍惜生命。

很多家长爱子心切，舍不得自己的孩子吃一点点苦。他们舍不得让孩子离开父母的保护，独自去奋斗。于是，如今的很多孩子就一直在父母过度的保护和关爱之下成长。在溺爱中成长起来的孩子大多自私任性，不知道如何料理自己的生活，经不起一点波折和苦难，事事依赖父母，长大后也难以自立于社会。父母本想通过给孩子创造舒适的条件，让孩子顺顺当当地走上成才之路，结果却让孩子在过于安逸的环境中丧失了基本的生存能力。

英国劳埃德保险公司曾从拍卖市场买下一艘船。这艘船于 1894 年下水，在它服役期间曾 138 次遭遇冰山，触礁 116 次，起火 13 次，207 次被风暴扭断桅杆，然而它却从未沉没过。劳埃德保险公司基于它不可思议的经历及在保费方面所带来的可观收益，最终决定将它从拍卖市场买回来捐给国家。现在这艘船停泊在英国萨伦港的国家船舶博物馆里。

不过，使这艘“不败之船”名扬天下的是一名来此观光的律师。当时，他刚打输了一场官司，委托人也于不久前自杀了。尽管这不是他第一次辩护失败，也不是他遇到的第一例自杀事件。然而，每当遇到这样的悲剧事件时，他总会心生一种负罪感。他不知该如何安慰那些在生意场上遭受了不幸的人，去珍爱他们自己的生命。

一次偶然的机会，他在萨伦的国家船舶博物馆看到了这艘船。他忽然萌生了一个念头——为什么不让那些遭遇挫折后对生活丧失信心的人来参观这艘船呢？于是，他就把这艘船的历史抄下来和这艘船的照片一起挂在了他的律师事务所里，每当有新的委托人请他辩护时，无论输赢，他都建议他们去看看这艘船。

这艘船的故事告诉我们：在大海上航行的船没有不经历过暴风雨洗礼的，我们的人生又何尝不是如此？一个人虽然屡遭挫折，却能够坚强地应对，这就是成功的秘密。人生若没有苦难，我们就会迷失自己；没有挫折，成功不再有喜悦，更得不到成就感。因此，不要幻想生活总是那么圆满，生活的四季不可能只有春天。每个人一生都注定要跋涉沟沟坎坎，品尝苦涩与无奈，经历挫折与失意。痛苦，是人生必须经历的一课。

所以每一位家长都要告诉自己的孩子——在漫长的人生旅途中，苦难并不可怕，受挫折也无须忧伤。只要心中的信念没有萎缩，你的人生旅途就不会中断。艰难与险阻是人生对你的另一种形式的馈赠，挫折与失败也是对你意志的磨炼与考验。正如大海如果缺少了汹涌的巨浪，就会失去其雄浑；沙漠如果缺少了狂舞的飞沙，就会失去其壮观。只有酸甜苦辣咸五味俱全才是生活的全部，只有喜怒哀乐七情六欲全部经历才算是完整的人生。

人生经常要面临选择：安逸或苦难。选择安逸，可能一生将碌碌无为；选择苦难，人生就会熠熠生辉。台湾作家李敖说得好："怕苦，苦一辈子；不怕苦，苦半辈子。"所以，父母要让孩子经历一些苦难，让孩子勇敢坚定地走好生命的每一步。

财商教育，借鉴西方父母培养孩子独立性的手段

苏珊是个 11 岁的小女孩，家住在美国新泽西州，她的爸爸是律师，妈妈是一名医生。按说苏珊家属于高收入阶层，但是她的父母在生活上却对苏珊一向很“小气”。

比如说前些天苏珊过生日，她原本以为爸爸妈妈会给她准备一份精美的生日礼物。可是苏珊的父母并没有这样做，他们送给女儿的礼物居然是半辆自行车——他们只给了苏珊买半辆自行车的钱，并告诉她，其余的钱要靠她自己去赚取。

苏珊并没有因为父母的“小气”而有丝毫懊恼，而是积极地想起赚钱的办法来。当她在马路上闲逛的时候，偶然间发现邻居家门前的草坪上杂草长得很高，聪明的苏珊马上有了主意。她跑去敲邻居家的门，礼貌地询问他们是否需要自己帮忙修剪草坪，一小时只要 2 美元。

接下来的几天里，苏珊把周围的邻居的家门敲了个遍，问他们需不需要修剪草坪。邻居们见这么可爱的一个小姑娘主动要求帮自己修剪草坪，出于善意，谁也没有拒绝苏珊的要求。

就这样，苏珊承包了为周围邻居家修剪草坪的任务。苏珊虽然年纪不大，但把草坪修剪得非常整齐、美观，很快她就得到了邻居们的一致认可。

通过半个多月的努力，苏珊靠自己的劳动所得，终于凑齐了另外半辆自行车的费用。

当骑上新的自行车后，苏珊又开始去较远一点的地方为邻居修剪草坪了。因为

她发现，自己可以通过劳动赚取更多的零花钱，去购买一些自己喜欢的东西。

在大多数中国父母看来，苏珊的父母着实有点“残酷”——自己的宝贝女儿过生日，居然送“半辆自行车”，而且还让十几岁的孩子自己辛辛苦苦去赚钱，这就是东西方家庭教育观念的不同。在许多西方父母眼里，孩子从小要培养独立意识，父母财产的多少和孩子是没什么关系的。父母是有钱人，不代表孩子是有钱人，孩子要用钱，同样需要通过劳动来获得。而到了 18 岁时，孩子就需要走出家门独自寻求生存之路。

从这一点来看，中国父母的确应该向国外父母学习。不要无限制地给孩子提供物质财富，那样只会让孩子从小成为物质的奴隶，以及依赖家长的寄生虫。如今，越来越多的人提倡养孩子要适当地“穷养”。很多父母一听到“穷养”二字，便会错误地认为是不给孩子花钱，让他们过穷苦的生活。这样的理解是片面的。我们所说的“穷养”并不是说让孩子吃不饱、穿不暖，更不是没有金钱的投入，而是指父母要把给孩子花的钱控制在合理的范围内，不要孩子要多少钱就给多少钱，要什么就给买什么。

在一些中国父母看来，自己辛苦赚钱就是为了孩子。父母不惜斥巨资，送孩子进最好的学校读书，让他们接受最“贵”的教育。与此同时，父母却忽略了孩子健全人格的塑造，尤其是独立意识的培养。这也正是如今社会上大量“啃老族”出现的深层次原因所在。

从另外一个角度来思考，孩子的自控能力和分辨能力普遍都不高。如果他们手里有大把的零花钱，看到喜欢的东西就买，孩子很容易变得挥霍无度。当孩子的物质欲望一时无法得到满足时，便会对父母心生不满，严重的甚至还会走上犯罪的道路。所以，为了培养孩子的独立意识，父母在对孩子的物质供给上一定要把握好分寸。

我们在教育孩子的时候，可以像苏珊的父母那样，鼓励孩子通过自己的劳动赚钱。通过亲身体验，孩子不但会产生劳动光荣的意识，而且也会知道钱财的来之不易。如此，孩子便会对自食其力有更深一层的认识。

事实上，只有那些注重培养孩子独立性的父母和家庭，才能培养出有担当精神，且能够适应激烈竞争的孩子。也只有在这样家庭里成长起来的孩子，才能在成长过程中更早地独立起来，凭借自己的能力创造出一番天地。

PART
06

当孩子跌倒时，请父母学会“袖手旁观”

“

家长对孩子的态度影响着孩子性格的形成，

当孩子‘跌倒’时，

家长用什么样的态度对待孩子，

就会造就孩子相应的性格特点。

”

失败中的经验，是孩子成长必要的条件

如今，网络上、电视上不乏这样的新闻：一个成绩差的孩子因为受不了老师的批评，离家出走了；一个成绩优异的学生因为一次没考好就要寻死觅活；一个孩子因为父亲批评了他两句便向父亲挥起了拳头……

为此，家长们开始困惑，老师们也开始困惑，甚至整个社会都在困惑，我们的孩子到底怎么了？到底是什么让孩子的心变得如此之脆弱呢？

究其根本的原因，其实是我们给孩子的爱太多了，照顾得过于“无微不至”，以至于让孩子缺少了独自处理事情的机会，从而缺少了遭遇挫折失败的经历，导致孩子在成长过程中无法勇敢与坚强，甚至走上了不归之路。

如今的父母得益于生活条件的改善，个个都希望自己孩子的前途一路平坦，看不得孩子受半点苦，更看不得孩子遭遇挫折和失败。殊不知这样的做法，会使孩子在成长经历中缺少了承受挫折和失败的机会。要知道，挫折失败对于孩子来说，是成长的必要条件。纵观历史上那些有成就有作为的人物，哪个不是在成功之前曾历尽艰险和挫折？

中国历史上有一个真实而且有名的故事——卧薪尝胆诠释的就是这个道理。

越王勾践为了向曾经打败自己的吴王夫差报仇，身为一国之君，却让自己每天都睡在“薪”（柴草铺成的床）上，并且每天尝一下苦胆的味道，以保持自己要复仇的信念。最后他终于成功复国，成为著名的“春秋五霸”之一。

诸如此类的故事还有很多，其实道理很简单，失败并不可怕。相反，失败中的经验，可以帮助我们更好、更快地成长。经历过失败洗礼的人，在遇到困难时必然比没有经历过失败的人更加成熟、更加冷静。所以，作为父母不要害怕让孩子经历挫折和失败，那其实正是他们成长的大好机会。

拥有智慧的父母，在孩子遭遇挫折和失败的时候，会抓住机会进行引导和鼓励，让孩子找回乐观的心态与奋进的动力。其实，每个孩子在生活和学习中都难免会遭受挫折和失败。如果父母不加以引导，一些孩子会习惯性地在遇到挫折和失败后，寻找各种各样的理由来为自己辩解，以推卸责任。有的孩子甚至还会因为挫折和失败而产生不良的情绪反应，从而丧失自尊心和自信心。所以，一旦发现孩子遭遇挫折，父母就要对孩子进行适当地引导，鼓励孩子面对现实，勇敢地向困难发起挑战。

在日常生活中，有许多困难是经过努力就可以克服的，还有一些是无法战胜的。当孩子受到无法战胜的挫折的时候，家长不应该置之不理，采取“无视”的态度，而应该及时疏导，帮助孩子认识挫折、分析挫折产生的原因，进而正确面对挫折。

古人用“劳其筋骨”来告诫人们要磨炼意志，其实这一点用在孩子身上也甚为合适。现在的孩子大多没经历过什么风雨，所以要想锻炼他们，就得让他们有意识地不断向自己发起挑战。比如，自己不是很有耐力，就让自己每天坚持长跑；自己没有很好的记忆力，就要强迫自己找一些东西来记住。通过这样的训练，孩子的意志力也会得到很好的锻炼。

一位哲学家曾经说过：“不经历挫折，成功也只能是暂时的表象，只有历经挫折的磨难，成功才能像纯金一样发出光来。挫折并不可怕，可怕的是，经历了挫折却不知道总结挫折的教训，暂时的挫折不应该是消沉的原因，而应该是继续奋斗的起点。”所以，父母应引导孩子养成勇于面对挫败、接受挫败，并能不断从挫败中吸取人生成长经验的优秀习惯。

勇敢一点，再糟糕的局面也没什么大不了

这天，家里来了客人。天气很热，爸爸让小宝下楼去小区门口买个西瓜回来。小宝答应着就兴冲冲地跑走了，可没一会儿却垂头丧气地空着手回来了。爸爸问小宝怎么回事，小宝吞吞吐吐说了好一会儿爸爸才搞明白。原来小宝很快就买完西瓜回来了，上楼的时候电梯里人满了，因为着急，小宝就决定爬楼梯回家。没想到走到三楼时不小心被绊了一下，西瓜摔得四分五裂。小宝觉得很糗，怕有人看到，就赶紧把碎了的西瓜捡起来扔进垃圾桶，准备下楼再去重新买一个。结果收拾完西瓜小宝突然发现，原本手里拿着买西瓜找回的钱不翼而飞了，也不知道是路上丢了，还是扔西瓜的时候一起扔进垃圾桶了……爸爸和客人听得忍俊不禁，小宝难过地耷拉着脑袋。他觉得这么一件小事情都被自己搞砸了，很不好意思。

爸爸告诉小宝：“这其实没什么大不了的，这种小事情完全不必放在心上。将来你还要面对更多、更复杂的局面，无论什么时候你都要记住，再糟糕的局面也没什么大不了，收拾好情绪，冷静去处理就是了。”

古希腊哲学家赫拉克利特曾经用一句名言来描述我们所处的这个世界：“人不能两次踏入同一条河流。”对于这句话他是这样解释的：你不可能两次踏进同一条河流中去，因为当你第二次踏进这条河时，它已经不是你第一次走进时流过你脚边的那些水，原来的那股河水早就流走了。赫拉克利特以此来说明，世界上没有静止和不动的东西，一切都在永恒不断地变化着。任何事物都既存在着，又不存在；因为它存在的同时又在变化着。

有一次，一位老禅师和他的弟子出游，天气特别热，两人走了一段路之后，就上气不接下气，嗓子眼儿里干得像冒烟一样。老禅师吩咐他的弟子说："我们刚才不是刚刚渡过一条小河吗？那儿的水清澈甘甜，你去弄些来解渴吧！"

弟子就捧着老禅师的金钵去了。过了一会儿，弟子空着手回来了，生气地禀告老禅师说："小河那边有一拨贩卖布匹的商人，他们的马在那儿撒欢追逐，把整条小河的水都弄脏了。我们还是再走两个时辰的路，到前面的另外一条小溪去吧。"

老禅师不以为然地说："我们为什么还要走两个时辰的路去找水喝呢？你还是再回去一趟吧，取些水来解渴。"

弟子噘着嘴，心里虽然一万个不情愿，但还是按照老禅师的吩咐回到那条小河边。可是让他大吃一惊的是，才这么一会儿的工夫，原来的那拨人马就不见了，整条小河又恢复了第一次见到时的清澈和平静，好像什么事情都没发生过一样。

没有永远浑浊的河水，与其舍近求远地乱碰运气，不如等待一时。世间万物永远都在不停地发展变化，机会总会来临，这就是老禅师的智慧。老禅师的这种智慧其实是一种面对一切境遇都保持淡定的境界。

古时有"塞翁失马"的故事，讲的正是这种世间万物不断变化的道理，好的事情会转化为不好的，不好的事情也有可能会转化为好的事情。万物生生不息，时刻都在变化之中，我们又何必为一时的失败或者成功沮丧或狂喜呢？不妨在生活中告诉孩子，只要坚持自己的梦想，时时去努力，事情自然就会朝着好的方向去发展。

我们每一位为人父母者，都要在日常生活中告诉孩子：没有人可以永远一帆风顺，谁都有可能去面对糟糕的局面，这是再正常不过的一件事情，不必因此而想太多，更不能因此而怀疑自己。有的时候，如果觉得走入了绝境，不妨让自己停一停，这样你就会看到很多之前看不到的问题和线索，也有助于你发现新的方向和方法。

拒绝帮忙，把挫折和难题还给孩子解决

在美国，很多家长喜欢带孩子去郊游和野餐。有一次我去美国的一处海边度假，看到许多小孩在海边玩耍，其中一个小孩正用手捧着水往岸上的一个坑里灌。由于用手捧水水会漏下去，距离又远，坑里的水总是装不满。他反反复复地试了很多次，丝毫不泄气。后来他停下来想找一个可以盛水的东西，但旁边什么都没有。最后他跑到妈妈身边，从自己的小包中取出一张较硬的纸，然后折成盒状再去盛水，坑里很快就盛满了水。孩子高兴地笑了，回头看着身后的妈妈，妈妈正在为他鼓掌喝彩。

我们不妨试想一下，如果换作是中国的父母，还会是这样的做法吗？我就这个问题询问了我身边的几位妈妈。少数妈妈在看到孩子捧水时，会粗暴地制止；还有一部分妈妈认为小孩子只是在玩，对孩子不闻不问，他爱做什么就做什么，不会指责，也不会表扬；但大多数则会立刻蹲下来说：“来，妈妈帮你！”然后想一个我们大人常用的办法帮孩子把水灌满。

我们常见到行色匆匆地送孩子上学和在校门口焦急等待孩子放学的家长。我们总觉得孩子长大后就能放手了，然而却又总让孩子生活在大人的保护下，不知不觉中扼杀了孩子的独立性。

所以，我们应该反思，要给孩子创造独立面对难题的机会，比如自行购物、独自去交朋友、独立完成作业……越是有一定的难度，越是要让孩子自己去做。因为只有有意识地让孩子经常做一些具有一定难度的事情，才能够锻炼他们克服困难的能力，并让他们从中体验到成功的喜悦，从而增强自信心和独立性，变得坚强起来。

作为父母，我们一定要明白，孩子身上很多独立的习惯需要从小培养。我们日常要注意观察孩子在独自处理问题时有哪些优点和不足，然后有针对性地去锻炼孩子的不足之处。当然在这个过程中非常重要的一点就是拒绝帮忙，一定要给孩子提供独自解决难题的机会。

很多时候，家长不妨故意给孩子制造一些“麻烦”，然后让他自己去想办法解决。在这个过程中，注意培养孩子的思考能力、变通能力以及做决定的能力，对于他们思维方式的形成以及信心的建立都有很大的帮助。

有些时候，让孩子独立负责和解决一件事情，可以更大限度地激发孩子的积极性。在这个过程中，孩子学习生存技能以及基本生活常识的效率会空前提高，能够学到很多书本和学校学不到的知识和技能。让孩子独立承担责任，是他未来人生的财富。

凡事“尽力”，更要“借力”

一个小男孩在沙滩上玩耍。他的身边有一些玩具——小汽车、货车、塑料水桶和一把亮闪闪的塑料铲子。在松软的沙堆上“修筑公路和隧道”时，他发现一块很大的岩石挡住了去路。

小男孩开始挖掘岩石周围的沙子，企图把它从泥沙中弄出去。岩石对小男孩来说又大又重。他手脚并用，用尽了力气，可是岩石却纹丝不动。小男孩手推、脚蹬、左摇右晃，一次又一次地向岩石发起冲击。可是，每次刚把岩石搬动一点点的时候，岩石便又在他稍微放松时重新返回原地。小男孩气坏了，他使出吃奶的力气猛推猛挤。但是，他得到的唯一回报便是岩石滚回来时挤伤了他的手指。最后，他筋疲力尽，坐在沙滩上伤心地哭了起来。

小男孩的父亲在不远处看到了整个过程。当泪珠滚过孩子的脸庞时，父亲来到了他的跟前。父亲的话温和而坚定：“儿子，你为什么不用上所有的力量呢？”男孩抽泣道：“爸爸，我已经用尽全力了！”

“不对，”父亲亲切地纠正道，“儿子，你并没有用尽你所有的力量——你没有请求我的帮助。”说完，父亲弯下腰，抱起岩石，将岩石扔到了远处。

“我已经尽了最大的努力，但还是失败了。”很多人在面对失败的时候，都会用这句话来形容自己的处境。许多人认为，自己要想办成一件事情，前提就是必须依靠自己的全部力量，却很少有人会考虑到，如何运用自己身边的那些可以运用的力量，例如向身边的亲人朋友或者邻居请教，寻求他们的帮助。这个世界并不是非要去单打独斗，学会向别人请教，寻求别人的帮助，远比自己一个人发愁要有效得多。

汉高祖刘邦，就是一个善于向他人借力的人。刘邦出身低微，学无所长，既不会舞文弄墨，也不会挥刀耍棒。但刘邦生性豪爽，胆识过人，借力用人方面的能力十分突出。无论是哪种背景的人甚至是敌方的人，都会为他所用。如韩信、彭越、英布等威震天下的悍将英雄，原本都是项羽手下的人，后来都被刘邦强大的人格魅力所征服，并转而来投靠他。

此外，刘邦身边的萧何、曹参、樊哙、夏侯婴等谋臣武将，都是刘邦的家乡故邻和亲戚。他们在楚汉之争中奉献了自己的能力和力量，最终帮助刘邦建立了西汉王朝。也可以说，没有他们的力量，刘邦也不会奠定自己的霸业。

借力不仅是一种能力，也是一种勇气，更是一种智慧。我们知道人是各有所长的，很多时候你解决不了的问题，对某些人而言却是轻而易举的。所以请记住，身边所有的人都可以看作是你的力量和资源。我们不妨告诉孩子：聪明的人凡事不会只靠自己的力量。在生活中学会适时地寻求帮助，是一种谦卑，更是一种智慧。这种智慧在未来步入社会之后，对于自身成长的帮助是巨大的。

这个世界上没有奇迹，只有勤奋

刚上初一的王辉回到家里兴致勃勃地对父母说：“班里的某个同学真神奇，上课不听讲、打瞌睡，数学照样考全班第一。”言语中透出无比的羡慕之情。相信这种情况不少家长上学时候也遇到过，每一个学校，每一个年级，每一个班级，都有那么几个平时看起来马虎捣蛋却又成绩遥遥领先的同学。大部分的同学甚至有些老师，都会把这种现象归功于“天赋”这两个字。而他们的“奇迹”事迹也总是在同学中间广为流传。

那这些取得高分成绩的学生究竟是如何做到的呢？其实还是要归功于勤奋二字。有再非凡的天赋也不可能不经过学习就掌握知识。孩子只看到那位同学上课打瞌睡，却没有看到他学习时有多么用功、多么高效率，也看不到他的学习方法有多科学。所以说，在孩子提到有这种“天才同学”时，家长不妨告诉孩子，这个世界上没有那么多奇迹，只有勤奋才是成功的最大保证。

王辉的爸爸告诉他：自己小的时候住在老家独门独院的房子里，童年时期最大的乐趣就是在院子里观察各种昆虫和动物。有一天他发现，一只黑蜘蛛在后院的两檐之间结了一张很大的网。两个屋檐距离好几米，它是怎么做到的呢？难道蜘蛛会飞？要不从这个檐头到那个檐头，第一根丝是怎么拉过去的呢？王辉的爸爸百思不得其解，觉得实在是太神奇了。后来，经过好几天的观察，他终于发现了蜘蛛结网的秘密。原来，蜘蛛先是在一个檐头打结，然后顺着墙壁爬到地面，一步一步向前爬。期间，它小心翼翼地翘起尾部，不让丝粘到地面的沙石或别的物体上。就这样爬过空地，再爬上对面的檐头。待爬上的高度与对檐差不多高时，再把丝收紧。王辉的爸爸在观察到这个过程之后无比吃惊。蜘蛛不会飞翔，但它却能够把网结在半空中。而这样的奇迹正是它的执着和勤奋创造的。

爸爸接着告诉王辉：其实这个世界上类似于蜘蛛结网的奇迹并不少见，很多成功的案例都是通过一次又一次的努力造就的。爱迪生发明电灯历经了 3 年多的时间，每天工作十八九个小时，经过几千次的反复试验，才发明了最早的竹丝电灯。后来，他又以惊人的勤奋经过 10 年的时间，历经大约 5 万次的试验，发明了碱性蓄电池。“天才是百分之一的灵感，百分之九十九的汗水”，他把他所取得的成就归功于勤奋二字。古今中外的名人中，有很多类似的例子，比如王羲之幼时常临池书写书法，并就池清洗砚台。时间久了，池水尽墨，人称“墨池”。也正是因为他如此刻苦，终成为一代书法大家；李时珍历经二十七年的搜集、整理、编写的《本草纲目》，被誉为“东方医学医典”。这些被视为“奇迹”的成就，无一不是建立在勤奋的基础上。

总而言之，成功之路没有偶然，更没有意外，有的只是有付出才有回报的定律。作为家长，在平时不妨多给孩子讲讲“量变才能引发质变”的道理。无论何时何地，无论孩子的梦想是什么，孩子都应该牢记，只有量变才能引起质变——没有足够的付出，就不可能站在成功的终点。

成功可能有一定的运气，但实力才是最重要的。很多看似创造奇迹的成功者，其实早就积蓄好了能量，不过在等待梦想成真的机会而已。只有通过勤奋努力积蓄能量，才能拥有发现机遇和把握机遇的能力，然后一步步走向成功——这就是成功的秘诀。

成功从来都没有偶然，奇迹也不是从天而降，要想实现“奇迹”，唯一的方法就是坚持勤奋努力。一个人只有靠着勤奋工作与永不放弃的生活哲学、生活态度，才能登上成功的巅峰。

留给孩子独立的空间，让他自由成长

很多父母溺爱孩子，怕孩子受到任何伤害，因而剥夺了孩子的自主能力，事事为孩子包办。如此一来，使孩子丧失了独立意识及动手的能力，最终形成懦弱胆小的性格。父母的本意都是为孩子着想，怕孩子受伤，或者经受挫折，因此习惯性地替孩子做决定。这样做看似杜绝了危险的出现，减少了问题的产生，但本质上却夺走了孩子自由成长的权利，造成了孩子的无能。

父母应该给孩子自由的成长空间。因为孩子的能力，就是在动手的过程中形成的；孩子的自信，就是在自已做事的时候培养的；孩子的自主意识，就是在父母放手的情况下逐渐养成的；孩子对自我良好的认识与肯定，也是在身心投入的过程及其劳动果实中确认的。所有这些优良品质、能力，都是孩子将来成功的基石，缺一不可。而这些，都需要在父母充分给孩子自由成长空间的情况下才可以获得。

在一座宁静祥和的村庄里，有一对夫妇不惑之年才喜得贵子，自然是喜爱非常，宠爱有加，导致这个在溺爱中成长的孩子养成了许多坏毛病。比如，他无论做什么都不专心，甚至连走路都东张西望，光跌进水沟里的糗事就发生了好几次，这让望子成龙的父母很是心焦。

孩子 7 岁时上了小学，可他的生活能力非常差，走不好路，经常摔跟头，每每抹着眼泪回家。

那天，趁孩子上学，父亲带着一把铁锹去了儿子上学必经的田埂上，他在上面陆陆续续挖了十几个坑，然后用木板搭成了一座座小桥，桥梁窄而细，必须极其谨慎小心地走才能通过。那天放学，面对一下子多出来的这么多小桥，孩子非常惊慌，不知如何是好。走过去，心里害怕。想哭求别人相助，可四下无人，哭也没用。最终，他只能自己走过去。当他背着书包，颤颤巍巍地通过那些小桥以后，虽然心里害怕，却也很有成就感——他这次没有哭鼻子。

回到家中，他迫不及待地跟父亲讲起了这件事，脸上充满了自豪。父亲耐心地听着，不住地夸他勇敢。

妻子对于丈夫的举动大惑不解，丈夫解释说："路太好走，他就不专心，就算跌倒无数次，他也学不会好好走路；路途坎坷，他必须紧盯路面小心翼翼，所以才能走得平稳。"

这个故事中的孩子就是后来赫赫有名的松下幸之助。正是父亲用心良苦地挖断了他的平坦之路，才逐渐培养出他迎难而上的勇气和信心，才有了他后来的成功。

生活中，这样的父母有很多，他们有意给孩子制造困难。他们认为，孩子只有在小时候经历足够多的挫折，长大后才能独立应对生活的考验。这是很值得我们借鉴的，我们的父母应该适当地"狠狠心"了，对生活太顺的孩子适当进行一些"挫折教育"，从小培养他们的抗压能力。父母要让孩子走出我们的羽翼，不要怕他们摔着、碰着、饿着、累着，把孩子的问题交给他们自己解决，还给他们自己成长的空间。

父母应该认识到，当我们替孩子解决掉一切困难的时候，也就剥夺了孩子自己体验成败的机会，同时又极大地纵容了他们的依赖性，让他们无法从生活中收获战胜挫折的经验和自信。而这些无疑是他们日后走向成功的资本。所以父母该放手时且放手，给孩子一些挫折体验，去激发他们自身的无限潜能。

陷入困境之时，不要企图去依赖任何人

我们前面说过，在孩子遇到困难的时候，要学会运用身边的力量去帮助自己达成目标。但是需要注意的是，在向他人求助的同时，也要防止孩子养成依赖他人的习惯，即一遇到困难就想着去找他人帮忙，这肯定也是不行的。一旦孩子养成了依赖的坏习惯，不仅会让自己的潜力再也没有发挥的机会，而且还会给他人留下很不好的印象。所以家长要让孩子明白，一旦陷入困境，首先应该做的是最大限度地去发挥自己的力量。先尽力，再借力。

古时流传着这样一个故事，一位少年的父亲在临终前告诉他：“儿啊，我留给你两件宝贝，有了它们，你便能得到财富。”父亲去世之后，这位少年冥思苦想，找遍了家中每一个角落，连后院也翻了个底朝天，可他始终没有找到父亲口中所说的两件宝贝。

有一天，一位白胡子老者见少年心事重重，便走到他面前问其缘由。少年将事情仔仔细细地与老者说了一遍。老者听了之后哈哈一笑，便告诉少年：“宝贝就是你的头脑和双手。”此时的少年才恍然大悟，终于明白了父亲所说的话是什么意思。从此以后，这位少年用这两件“宝贝”创造了许多许多的财富。

虽然这只是一个故事，但其中所蕴含的道理是深刻而明显的。它教育我们只有依靠自己勤劳的双手才能创造财富。要想获取幸福与成功，就必须付出努力与行动，否则，无论是伟大的梦想还是小小的愿望，都只能沦为空谈。

作为家长，想让孩子在未来的生活中成为强者，就一定要告诉孩子，遇到任何难题，首先要靠自己的双手努力解决，不能依赖他人。成功来自于一个人的独立、智慧、坚强和勤劳，而非来自于父母和他人的帮助。孩子懂事后，更不能一心想着依赖父母。父母应该让孩子明白，独立与否，关乎一个人的前途命运。

父母不妨告诉孩子：哪怕是再小的事情，也要积极主动地努力，运用自身的力量，去创造出更多的价值，这其实就是给自己提供机会，实现自己的理想。如果遇到问题时总是采取一种应付的态度，能少做就少做，能依赖别人就依赖别人，敷衍了事，那实际就是在敷衍自己，最后品尝苦果的也只能是自己。

现实生活中有太多的例子都表明，靠别人提供优越条件建立起来的成就和成功是不稳固的。父母不可能为孩子遮风挡雨一辈子，亲朋好友也不可能在孩子未来遇到每一个难关时都会及时提供帮助。只有让孩子自己把人生的根扎得更深，培养他们具备坚强的品格和吃苦耐劳、坚忍不拔的精神，才是给孩子的一笔最大的财富。

PART 07

适当给予惩戒，孩子才能走好自己的路

“

教育孩子应该赏罚分明，

孩子做得好要及时给予适当奖励，

但孩子做错事时，

一定不要姑息，

哪怕只是小错也要进行适当的惩戒。

这样，

孩子才能正视自己的错误，

及时改正，

免得在错误的道路上越走越远。

”

有惩罚的教育，让孩子懂规矩有教养

所谓“打是亲骂是爱”，这句用在打情骂俏中的俗语同样适用于教育孩子。当然，我们所说的“打”和“骂”并非是指棍棒教育，而是建立在爱的基础上对孩子的行为进行严格要求和适当惩罚。

行为心理学认为，在孩子的成长过程中，父母的惩罚虽然会使孩子感到痛苦和厌恶，但是进行必要的惩罚对孩子的成长是十分必要的，因为它对孩子责任心的养成有一定的促进作用。

可能有些家长会觉得，惩罚教育就是传统的“棍棒教育”，已经不再适应这个时代了。对此，一位来自美国的教育专家发表了自己的观点：父母对孩子的惩罚和正向教育方法总是处于两级化的状态。但是科学研究表明，如果运用恰当，采用惩罚的教育方法也是正确的选择。

这位美国的教育专家表示，他曾对102位孩子的母亲展开调查，让她们分别提供5天里如何管教孩子不当行为（如打架、抱怨、藐视、不听话）的细节。经过分析发现，对于孩子轻度的叛逆和不听话，父母向其讲道理是第一有效的方法；而当孩子的叛逆行为比较严重，如破坏东西或打架时，父母的惩罚措施比讲道理更有效。

当然这里所说的惩罚不是动辄就要棍棒相加，而是有必要的惩罚，使孩子免除不良习性，知道什么可为，什么不可为。作为一个负责任的家长，在孩子犯错后，给予其适当惩罚，才是爱孩子的深沉表现，也是规范孩子行为的有效手段。

对于父母而言，教育孩子就是对其人格熏染和行为养成的过程，而行为的养成必须靠训练。训练需要严格要求，孩子正处在混沌期，很多时候他们的自制力和判断力是有限的。作为父母，必须严格要求孩子，并引导他们树立正确的是非观和价值观。

在矫正孩子错误认知的过程中难免会经历痛苦，但谁会否认接受一些挫折教育，对孩子的成长没有裨益呢？从另一个角度来说，“没有规矩，不成方圆”，我们的社会之所以能够正常运转，就是依靠着各种各样的规矩约束着人们的行为。有规矩就意味着有奖励有惩罚，这是自然而然的事情。作为家长，在教育孩子的过程中，不仅要会奖励孩子，还要学会惩罚孩子。只有拥有了惩戒孩子的智慧，才能真正达到教育孩子的目的。

总之，要想培养出一个懂规矩有教养的孩子，在日常教育的过程中，父母不仅要学会赞扬孩子，也一定要懂得运用惩罚的手段，让孩子明白承担自己本该承担的责任是多么有必要。处于成长之中的孩子犯错误或者对一些事情表现出没有责任感也是正常的。因为许多时候他还不知道什么是该做的什么是不该做的，也不知道责任到底是什么。为了让孩子懂规矩有教养，家长必须适当地运用惩罚手段来教育孩子，让他们明白做错事情和不负责任的后果，从而让孩子明白什么该做什么不该做，什么是对什么是错，从而在这个过程中获得成长的经验。

千里之堤毁于蚁穴，罚小错是为了免大过

“孩子还小，不懂事”这句话是很多家长常挂在嘴边的一句话，潜台词就是“他们犯点小错误是可以原谅的！”甚至还有些家长觉得那些小错误还挺可爱：“看，孩子多天真啊！”

这些家长自以为是爱孩子，是宽容，却不知他们这样做其实是害了孩子。很多家长在孩子犯小错时，虽然用“马虎”“粗心”等词语去进行教育，但因为家长的态度并不严肃，孩子常常不放在心上。时间长了，孩子小错不断，渐渐就演化为习惯问题，而这些不好的习惯会陪伴孩子一生。

正所谓“千里之堤毁于蚁穴”，正是因为小的错误不及时纠正，日积月累，量变引发质变，最终酿成大错。

日本松下公司的创始人松下幸之助因经营技巧高超、管理方法先进，被誉为“经营之神”。在他的职业生涯中，曾发生过这样一件事情：后藤清一原本是三洋电机公司的副董事长，后来投奔到松下公司担任厂长。在他任职期间，工厂意外发生了一场火灾，烧掉了很多设备，致使工厂损失惨重。作为厂长的后藤清一心中十分恐慌，以为自己即使不被革职也要被降级。但让他万万没想到的是，松下幸之助在接到火灾详情报告后，只对他说了四个字：“继续努力！”事后也完全没有追究后藤清一的责任。

其实，松下幸之助这样做，并不是姑息部下的过错。松下幸之助一直以严厉著称，在此之前，后藤清一即使打电话的措辞稍有瑕疵，也会受到松下幸之助的严厉

斥责。这种严谨的作风是松下幸之助的管理秘诀，但他同时也遵循人性化的管理方式。虽然后藤清一在这次火灾发生后没有受到惩罚，但是他始终心怀愧疚，对松下幸之助也更加忠心效命，并以加倍的努力来予以回报。

松下幸之助的这种做法，巧妙地抓住了人们的心理。在犯小错误时，当事人多半并不在意，因此需要严加斥责，以引起他的注意；相反，在犯下大错误时，当事人多半会进行自省，因此就不必再去给予严厉的批评了。

松下幸之助的这种做法其实很值得父母们去学习。因为在日常生活中，很多父母对于孩子所犯的小错误并不是十分在意，甚至跟孩子一样，视而不见，更不用说去提醒和惩罚孩子了。有些很小的错误，常常是由于孩子做事态度不端正而引发的。这时家长如果不及时纠正，往往会养成孩子不良的做事习惯，甚至使孩子的价值观出现偏差，影响孩子的成长。

相反，如果孩子犯了比较严重的错误后，父母不要严厉地责罚孩子，以免加重孩子的心理负担。因为在这种情况下，即使是不成熟的孩子也很清楚错误的严重程度、所犯错误的原因以及该如何改正的方法。这个时候是他们内疚、痛苦，内心最需要安抚的时候。实际上，我们中的一些父母往往在这个时候非但不去抚慰孩子那颗脆弱的心，也不等孩子从挫折感中恢复过来，就在犯错误的孩子面前大呼小叫，一遍遍捶胸顿足地数落孩子，用上各种指责和惩罚的手段，甚至将孩子过去所犯的错误都翻出来数落一遍。

这样的处理方法，往往达不到及时教育孩子的目的，有时还会因为家长采用的手段过激而引起孩子极大的逆反心理，使他在突然间失去了内疚感，甚至用无理狡辩来反抗父母、保护自己。这样的情形如果出现得太多，就会从根本上影响孩子的品质，甚至有可能把孩子变成一个满嘴谎言的叛逆少年，对于孩子未来人生的影响更是不可想象。

家长要想纠正孩子的错误，首先应从小事抓起，给孩子树立正确的是非观念，特别是诚实的观念。家长要告诉他们，在犯错之后不要推卸责任或者采用说谎的方式来逃避。即便孩子犯的是很小的错误，也要让他们知道做错事要接受惩罚并付出代价。家长不仅要重视小事，还要及时纠正孩子的小错误，并让孩子经受由此带来的麻烦和考验。这样才可以不断修正他们的行为，加深对他们的思想教育，同时防止类似错误的再次发生。

严格纠正坏行为，才能尽量杜绝坏习惯

习惯是指一个人在漫长的岁月里形成的固定思维、行为模式，并在特定的场合下无意识表现出来的惯性行为。习惯一旦养成就很难改变。习惯对于孩子的一生有很大影响，无论好的习惯还是坏的习惯，都会在无形中以一种强大的力量支配着孩子的行动。如果孩子有了不好的行为而父母没有及时纠正，久而久之就会形成不好的习惯。到那个时候再去纠正，就不是一件容易的事情了。

7 岁的小波拿了一本新买的故事书向妈妈走来："妈妈，给我讲这个故事。"

妈妈看了他一眼问道："小波，作业做完了吗？"

"还没呢。"小波满不在乎地说道。

"那你先去做作业，做完了妈妈再给你讲。"妈妈说道。

"不，讲完这个故事，我再去做作业。"小波不答应。

"听话，先去做作业。"妈妈有些生气。

"你不给我讲这个故事，我就不去做作业。"小波执拗地回答。

妈妈和小波一来一往地争执起来。

最后，妈妈烦不过："好，好，快拿来，我给你讲，讲完你要马上去做作业。"

"嗯。"小波答应了一声。

小波的妈妈一开始想让孩子做完作业再听故事，但是她不够坚定，最后还是屈从了孩子。因为她担心这样和孩子争执下去，显得自己太不近人情，况且先给儿子讲故事也没什么大不了的。但是，小波的妈妈肯定没想到，正是她这种习惯性地纵容孩子的行为，必将对孩子以后的教育带来更多的麻烦和障碍。

孩子任性、不听话对他的成长是有着诸多不良影响的。一个不听父母话的孩子，往往在与他人交往的时候也无法顺利进行沟通。因为孩子没有在家里学会配合，学会合作，那么到了社会上，在与他人交往时，孩子就会因缺少必要的交流技能，而受到他人的冷落。而且一个总和父母闹别扭的孩子，当和别人建立交往关系时，往往就会以自我为中心，而不去考虑他人的感受。不用说，这样的孩子是不会受欢迎的。

因此，为了让我们的孩子能够顺利地与人相处，我们就要从小培养他懂规矩、会合作的意识和习惯。很多父母往往是嘴上勤，行动上懒。他们给孩子制订这样或者那样的规矩，但对于具体的不执行情况却常常大开绿灯。导致孩子产生这样的认识——爸爸妈妈说的话可听可不听，因为不听也不会有什么后果。

由此看来，要想让孩子听话，父母必须得做到有令必行，做个坚定的家长。如今的孩子在家的地位普遍都很高，很受宠，导致有不少孩子仗着家长的宠溺，有错不认。长此以往，必然会养成坏习惯。所以不能任孩子撒娇犯错，家长一定要做到有错必罚，要让他记住教训。只有这样，孩子才会具备是非观念，才会知道自己可以做哪些事，哪些是不被允许的。

需要提醒父母的是，在矫正孩子坏习惯方面，不要操之过急，不要指望一下子就把孩子长时间养成的恶习纠正过来，而应该耐得住性子，循序渐进。父母可以采取一些适度的方法，比如在孩子犯错的时候，家长可以让孩子罚站。这种方法学校里也常用，不会伤害到孩子，但是可以约束孩子，提高孩子的自控能力。

也可以没收孩子的零食或玩具。一般来说，孩子天生喜欢这两样东西，可以用它们来制约孩子，让孩子乖乖就范学规矩。如孩子做错了事，就不准碰这两样。除非孩子记牢自己的错误，改正了，才会还给他。

对年纪稍大一点儿的孩子，家长可以采用罚做家务的方法来惩罚他们的坏习惯。这种方式既可以起到惩戒的作用，又能够让孩子学会做家务，提升他们的动手能力，可以算得上是一举两得。此外，罚抄写、罚打手心等等，都是家长们可以在日常教育中采用的惩罚手段。

另外，父母要注意，在纠正孩子的坏习惯时，最好能够在一段时间内，专门纠正他的某个缺点。如果一下子给孩子订立许多条规矩，每一条都不许孩子违反，那么孩子就会陷入茫然的状态，不知道怎么办才好。即便他能理解父母的意图，但也会有较大的抵触情绪。如此一来，不就违背了父母的教育初衷了吗?

别怕孩子犯错误，利用错误给孩子上一课

8岁的小雨跟着父母一起去美国游玩。一天，他们在海滩上散步时，小雨认识了一个与他年纪相仿的小女孩。两个人即使语言不通，还是很高兴地在一起嬉闹玩耍。不一会儿，小雨高兴地跑到父母身边说："爸爸妈妈，你们看！这是什么？"原来，小雨用自己叠的纸船跟那个美国小朋友交换了一只做工精细的模型船。

很显然，小雨的纸船和那个模型船的价格根本没法比——一个是用废旧的纸叠成的，最多值3美分；而另一个是从玩具店里买的，价值大约20美元。

爸爸妈妈了解了情况后，对小雨吼道："你怎么能这么做呢，这不是占别人便宜吗？你这样做是不对的！快去还给那个小女孩！"说完爸爸妈妈拉着小雨走到那个小女孩的父母面前说："对不起，我们的孩子不懂事，他用一只纸船交换了你们女儿的模型船，现在把这个模型船还给你们。"

然而，那位美国爸爸拒绝了小雨父母的提议，并说道："船是我女儿的，所以她有权利做任何决定。我女儿愿意交换，就送给你们吧！一会儿，我会带她再去买一只，让她知道这条船值多少钱，能买多少纸船。我想下次她就不会再做出同样的决定了吧！"说完爽朗地大笑起来。

美国爸爸的一席话，让小雨的父母陷入了沉思。同样是家长，这位美国爸爸非常尊重孩子的权利，没有一味批评孩子，而是通过有效的措施，让孩子认识到自己行为的不妥，并且找到正确的处理方法。这样的做法是不是比自己一味地责罚孩子要更好一些呢？

从美国回来后，小雨的父母在对待孩子犯错后如何处理这件事上有了新的体会和想法，小雨明显觉得爸爸妈妈对自己的责骂少了许多。这一天，小雨回家说周末要参加学校组织的郊游活动，为期两天。临出发的前一天晚上，爸爸对只顾玩游戏的小雨说："先别看电视了，准备明天去郊游的东西吧，否则明天早晨又要手忙脚乱了。"

可是小雨却不理会，不耐烦地对爸爸说："爸爸你可真啰唆，不就是郊游嘛，我完全可以照顾好自己的，放心吧，东西早就准备好了。"

听小雨这么说，爸爸就没再说什么。小雨妈妈在检查小雨"准备好"的行李时，发现小雨没有带换洗的袜子和雨伞，想帮小雨准备好，但小雨爸爸却制止了她。

小雨郊游回来后，爸爸问他："玩得怎样啊？"

小雨说："还不错，就是没换洗的袜子穿。雨伞也忘带了，偏又赶上一场中雨，只好蹭同学的伞了。下次我可不再这样马虎了。"

经过了这件事，小雨每次出门前，都会认真地检查是否有东西忘记带，原来粗心马虎的毛病好转了很多。在小雨的爸爸看来，当时他阻止了小雨妈妈帮小雨准备忘带的东西，就是要让小雨为自己犯的错误付出一些代价。如果妈妈帮助他准备好了，小雨不但依旧是一副没记性的样子，而且时间久了还会产生依赖心理——我没准备好没关系，还有妈妈帮我弄呢。孩子只有真尝到一些苦头，才会对自己所做的错事记忆深刻。小雨在后来的表现中也印证了这一点。

有些时候，孩子犯了错，父母也不必过于担忧，甚至可以在适当的时机利用孩子的错误给孩子上一课。这样得来的收获，比啰唆孩子一千遍都要有效得多。

从古至今，社会的进步过程都遵循着"错误—学习—尝试—纠正"这样一个规律。正是通过不断地学习，我们人类才得以成长，世界才得以进步。其实，孩子的成长过程又何尝不是如此？如果父母把改正错误这个使孩子进步的途径彻底切断，那么孩子也就难有成长的机会。所以，我们不应该对孩子的过错横加指责，而是要让他在改正错误中得到教训，学到做事的正确方法。

赏罚并用，对付厌学逃学的孩子

前不久看到一则有关高考的新闻，说一个学生在考场瞎逛被监考老师发现，询问后才得知，他瞒着父母两年前就退学了，但依然每天假装按时上学放学。高考的日子到了，又假装来参加高考，还是家长亲自送他到考场的。这条新闻让人们匪夷所思之余，也让人不禁去想，这是怎样的孩子和怎样的家长啊！孩子辍学两年，家长竟然一无所知，足见平时对孩子的学习和情绪是何等的忽视。这值得每一位家长引以为戒。

李征的学习成绩处于班里的中等水平，他在父母眼中一直是个乖巧懂事的孩子。直到老师来家访，父亲才知道自己的乖儿子变得不再乖了，他开始逃学、撒谎，成绩一落千丈。父亲感到又惊又怒。因为每天李征都是按时起床上学，下午也是按时放学回家，表现得非常正常。

第二天，父亲决定跟踪李征，看他到底去干什么了。结果发现，李征出了家门后就直接去网吧打游戏了。父亲看到儿子这样，抓住儿子就打了一记耳光，然后拖回家一顿训斥。

可是，李征乖乖上了几天学后，又开始逃课去网吧。暴怒的父亲找了半个县城才把李征从网吧里揪出来，自然又是一顿暴打。后来，李征变得越来越叛逆，竟然发展到连着几天不回家，每天都待在网吧里。

父亲对他彻底失望了，白头发一天比一天多。以前那个乖巧可爱的儿子早就不见了，变成了一个天天不回家、浑身脏兮兮的叛逆小子。

其实像李征这样厌学、逃学的孩子并不少见，几乎每个学校、每个班级都有那么一两个。问及孩子厌学、逃学的原因，曾经有一个五年级的男孩子“直言不讳”地说：“我最讨厌学习，我最大的愿望就是像爷爷奶奶那样退休，不用学习。”还有一些有厌学倾向的孩子，普遍反感学习，他们说，当他们一听到“学习”“分数”“排名”等字眼时就想回避，有的还感到“恶心”。

实际上，逃学现象属于一种比较严重的儿童行为问题。无论是什么原因引发了孩子的逃学行为，都说明其本身蕴含一定的心理问题。所以提醒各位父母万万不可只看到孩子逃学的现象，而无视孩子逃学的心理原因。如果父母无视孩子逃学的原因，而是发现问题就粗暴地打骂孩子，非但不能使孩子改掉逃学的缺点，反而容易把孩子推向堕落的深渊。

因此，父母要想正确地教育孩子，就要在发现问题的时候，首先平息自己心中的怒气，冷静下来，然后再积极地去对待孩子的逃学问题。

在具体的应对措施上，家长们要记住一个词，就是“赏罚并用”，即表扬和鼓励应多于批评与责骂。从根源上来说，孩子之所以厌学逃学，肯定是在学习上没有体验到任何乐趣。因此家长首先要从学习乐趣和兴趣入手，改变孩子对待学习的态度。比如，父母要看到孩子的任何一个进步，即便是只取得了微不足道的成绩，也应及时给予表扬，为其树立自信心。这样才能让他更好地学习和生活，才有下一步逐渐体会学习乐趣的可能性。

其次，家长不妨试着主动给孩子“减压”。作为家长，不要只要求孩子学习，把孩子当作学习的机器。当父母知道孩子逃学是为了研究自己的兴趣爱好时，不妨拿出时间来让他们尽情发展自己的兴趣爱好。如果父母对孩子限制太多，使孩子连正常的玩耍时间都没有，孩子肯定会出现厌学反应。就如我们大人一般，天天工作不休息，也难免会心生不悦。让孩子劳逸结合，就能大大降低孩子的厌学情绪。

古语云：“近朱者赤，近墨者黑。”家长要密切注意孩子的交友对象。尤其是到了小学高年级或初中之后，孩子有了很多自己的想法，人生观价值观都开始慢慢建立。在这个关键的时期，如果因为交友不慎而受到了不好的影响，也会助长孩子不良习惯的形成。

但家长需注意的是，这一时期的孩子还没有交友不慎的概念，在孩子看来，性格相投、玩得开心就可以称之为好朋友。面对那些身存不良习惯的朋友时，父母一定要向孩子表明自己对于他交友的态度，并向其说明那些不良习惯将带来哪些危害。父母不妨与孩子坐下来，列出利弊，加以分析。同时教会孩子，所谓友谊，有着怎样的概念。

除此之外，家长们无论多忙，都要养成经常与孩子老师沟通的习惯，了解孩子在学校的上课情况、学习表现，积极配合老师对孩子进行合理的教育。发现问题，家长要配合老师的惩罚措施，家长和学校双管齐下，才能更有效地防止孩子的逃学行为。

厌学、逃学是一种较为复杂的问题行为，它的产生是有多方面原因的。作为家长，对于孩子的厌学、逃学应该引起深思——孩子为什么会逃学？找到了原因所在，才能够有针对性地采取措施，需要鼓励的多鼓励，需要惩罚的坚决不姑息。这样对症下药，并选择正确的处理办法，才能让孩子不再厌学、逃学，而是爱上书本、爱上学习。

孩子爱耍脾气时，见机行事“冷隔离”

经常会有一些家长说，自己家的孩子小小年纪，脾气却不小，经常是有一点儿不满意的地方就大发脾气，搞得家里鸡犬不宁，家长也为此大伤脑筋。那么，是什么原因导致这些孩子爱耍脾气？家长们在遇到孩子爱耍脾气的情况时，应该如何去处理呢？我们不妨看看下边这位妈妈是怎么做的：

6 岁的铭铭闹着让妈妈带他去科技馆玩，可是妈妈早已经安排了别的事情。于是妈妈对铭铭说：“妈妈今天有事，改天再带你去，好吗？”

铭铭一脸不高兴，嘟着嘴走开了。但铭铭走开没几分钟，又来到妈妈身边，缠着妈妈带他去科技馆：“妈妈，带我去吧，我就是想去科技馆看 5D 电影嘛。”

妈妈安抚道：“今天妈妈有比较重要的事情，真的不能带你去，等妈妈一有时间，就会带你去的，不信拉钩钩！”

铭铭并不买妈妈的帐，依然不依不饶地闹着：“我就是要去，我一定要去，不去不行！”

见儿子闹得越来越凶，妈妈不再理睬铭铭，而是径直走进卧室，把门锁上。铭铭一看妈妈不理他，就大哭起来。可任凭他怎么哭闹，妈妈就是不开门，也不回应他。

大概过了 20 分钟，铭铭的哭声停止了。妈妈轻轻地打开房门走出来，看见铭铭正在自己的房间里画画。见到妈妈后，铭铭赶忙对妈妈说：“妈妈我错了，我再也不乱发脾气了。”妈妈对他赞许地微笑了一下，然后走开了。

这个事例中铭铭稍有不如意便耍脾气的表现，可能绝大多数父母都在自己孩子的身上遇见过。实际上，耍脾气是现代家庭中独生子女身上经常出现的情况。这是孩子的一种不正常的心理状态，也是孩子要挟父母、满足自己某种需要的惯用手段。

对于孩子的这种表现，家长多是表示无奈。有的家长想让孩子赶快结束这种情绪，就会采取妥协退让，答应孩子的要求，或者用恶狠狠的言语教训孩子，让孩子停止哭闹。但很少有家长能像故事中的铭铭妈妈那样用“冷隔离”的方式来对付孩子的任性表现。

实际上，造成孩子任性爱耍脾气的原因并不复杂，多由父母的过分溺爱与妥协所导致。当孩子要起性子时，家长们多处于两难的境地：答应孩子的要求吧，孩子的要求明明是不合理的；可如果不答应，孩子又哭又闹的何时才算完呢？心软的家长往往在孩子的哭闹、要挟下败下阵来，不得不放弃了自己的教育原则，再次以“矫正孩子的坏习惯又不是一朝一夕的事，下次再说吧”等理由来安慰自己。殊不知家长的妥协导致孩子更加坚定了其不达目的决不罢休的“信念”。于是，孩子变得脾气越来越大，越来越难以说服。

如果不想让孩子养成任性妄为的性格，父母需要掌握一定的管教方法和技巧。儿童心理学家研究发现，儿童时期的孩子心理发展正处于以自我为中心的阶段，对是非判断以自己是否愉快为依据。如果父母无原则地满足孩子的不合理要求，孩子错误的行为、坏的习惯就会得到强化，任性情绪便由此形成。那么，针对孩子任性爱发脾气的问题，家长应该采用怎样的应对手段呢？

首先，要学会“冷处理”。

在孩子发脾气不讲道理时父母要及时撤离“战场”，千万不能强化孩子的错误动机。因为孩子的任性，往往需要父母的“配合”，父母越注意他，他就表现得越强烈。所以，当孩子用不合理的方式来提要求或者闹情绪的时候，父母可以不予理睬，进行“冷处理”“冷隔离”，及时地撤离“战场”。

或许有的父母觉得这样做有些“绝情”，也有些不负责任。但如果我们仔细分析一下就不难理解，很多时候，孩子对父母的话不理睬，其实就是对自己的行为做试探的一种方式。他们在摸索父母的“底线”，想看看自己能得到多大的自主权。这时候，如果父母和孩子进行正面冲突，只会鼓励孩子的错误动机继续发展，对于解决问题并不能起到任何积极作用。

其次，家长不要轻易地对孩子妥协。

很多时候，孩子在家里任性还好解决。如果外出，特别是有亲戚朋友们在场时，父母往往为了顾及自己脸面而向耍脾气的孩子妥协。其实这样做只会让孩子更加“无法无天”。所以，作为父母，不管在什么情况下，都不要轻易向孩子妥协。这样孩子才会知道父母的“厉害”——不会轻易纵容自己，自然就会乖乖地放弃自己的过分要求了。

总而言之，对付那些要求得不到满足就爱耍脾气的孩子，“冷处理”是最好的方法。作为家长，要学会在孩子耍脾气、不讲道理时见机行事，对孩子进行“冷处理”。这样不仅可以避免父母的责骂和斥责给孩子带来的负面影响，也可以让孩子在自我反省的过程中明白自己错在哪里，该如何去改正。

惩戒不及时，孩子的印象不深刻

作为父母，一定要让孩子明白，为自己犯下的错误付出代价是天经地义的事，孩子即便年龄小也同样需要为其错误行为付出代价。因为，如果没有为相应的错误而受到惩罚，那么错误还会延续下去，这对于孩子的成长来说是非常不利的。

我们注意到，有很多父母在看到孩子犯了错误后，并没有做出正确的反应和处置。其中一种是：发现孩子做得不对马上动手帮他纠正。这样可能会让孩子意识到自己的错，但是由于没有得到惩罚，所以印象并不深刻，以后很可能还会犯同样的错误。

第二种，父母在发现孩子犯错之后，没有立刻采取批评和惩罚的措施。这一点在家长之中是相当普遍存在的问题。要知道，对于孩子错误行为的惩罚越早越好。一旦发现孩子违反规则，家长就应该立刻采取行动制止，不要等到情况失去控制才做出反应。

吃完晚饭，7 岁的双胞胎小文和小武开始在床上嬉闹，做鬼脸抢玩具，没多久两人就开始因为抢夺玩具而发生争执，眼看着就要吵起来了。爸爸在书房看报纸，扭过头来说了声："别闹了"，就又继续专心看报纸了。他以为孩子们闹一会儿自然会停止。谁知没多久，两个孩子竟然动起手来。爸爸非常生气，罚小文和小武一个星期不许看儿童节目。

这件事情虽然看起来微不足道，也是大多数父母的日常生活写照。故事中的爸爸行为欠妥是造成后续一系列事件发生的主要原因。如果爸爸在孩子们开始斗嘴的时候就出面干预，如放下报纸，走到他们面前，给出严肃的警告，或者立刻采取惩罚措施，安排两个孩子分头去做一件事情，分散他们的注意力，就不会导致最后打起来的结局。所以家长在发现孩子的不当行为时，应及时采取惩罚措施，而不能因为忙于做手头的事，心不在焉地应付一下。要知道，孩子们很擅长察言观色，他们能看出家长的敷衍，自然不会把家长的警告当真。

我们不妨来看看另一位妈妈的做法：

每次 6 岁的糖糖和她的朋友小北一起玩耍之前，糖糖的妈妈都会告诉她，如果她们两个人中有一个哭闹耍赖，或者两人发生争执，就要立刻分开，不能在一起玩了。

周末带糖糖去游乐场，她的妈妈也会事先告诉她，如果在游乐场她没有做到时刻关注妈妈，跑到离妈妈太远的地方，就必须马上离开游乐场。这种方法对糖糖来说非常有效，每次她都会按照妈妈的规定去做。因为糖糖知道妈妈肯定会说到做到。

理论上讲，对于孩子的不良行为给予一定的处罚，能够使孩子明白行为和后果的关系，同时也可以教会他什么是懂规矩和有教养。惩罚的目的不是为了惩罚，而是让孩子明白承担自己行为的后果是他的责任。很多时候，父母在决定使用惩罚手段来教育孩子的时候，最好事先向孩子说明不当行为的后果将是什么。这样既可以给孩子一个明确的警告，也可以使得处罚更加具有威慑力。

然而，我们对孩子的行为并不能事先预判，因为很多时候孩子的行为临时性很强，那该怎么办呢？合理的反应是，看到孩子有了不好的行为，父母就必须针对这个行为想出一个适度的处罚方式，然后马上告诉孩子并且立刻执行，决不能“缓刑”。比如说，带孩子去公园时，孩子总是在人来人往的道路上逆行跑来跑去。此时错误的做法是，对他说：“再这样下一次不带你来公园了！”正确的做法是，马上就掉头返回，告诉他因为他这么做太危险，不能继续让他在公园里玩了。

这种及时惩罚的做法，可以把惩罚的效果最大化，给孩子留下最深刻的印象，惩罚的效率无疑是最高的。因此，父母在日常生活中要用正确的应对方式来应对孩子犯下的错。即使是很小的错误，我们也要做到及时惩罚及时处理。这样才能起到惩罚的效果，从而让孩子在成长道路上少一些错误，多一些好的习惯和教养。

拒绝恶语相向，别让孩子幼小的心灵受伤

一天，牛牛的爸爸下班回到家，发现自己平时放在书房里的万用表不见了。由于爸爸急着用，就四处寻找，找了半天，最终才从卧室的床底下找到。可是爸爸发现，万用表不知被谁弄坏了。

此时，爸爸才注意到坐在写字台前心神不定的牛牛。爸爸把牛牛叫过来问：“牛牛，你知道是谁弄坏了爸爸的万用表吗？”

牛牛战战兢兢地说：“我不知道。”

爸爸说：“是你弄坏的吗？”

牛牛低着头小声地说：“不是。”

爸爸说：“是你也没关系，爸爸不骂你，只是想知道是谁弄坏的。”

牛牛低着头说：“是我弄坏的，我拿着它玩，不小心给摔坏了……”

爸爸说：“承认了就是好孩子，弄坏了东西没关系，但是你想想，能不能把它修好呢？”

在爸爸的指导下，两人找来了扳手、钳子等维修工具，不一会儿就把万用表修好了。牛牛高兴得不得了。

牛牛的爸爸做得很好，他没有一味地责罚孩子，而是循循善诱地引导孩子承认错误。然而现实中，并不是所有父母都能像牛牛爸爸这样。有的父母对孩子异常严厉，容不得孩子犯一丁点儿错误，每当发现孩子哪些地方做得不对，甚至不够好，就严厉斥责孩子。长此以往，孩子不但容易缺乏自信，以为自己真的什么都做不好，

而且还会对父母心生恐惧。试想，如果牛牛的爸爸对孩子严厉呵斥甚至恶语相向，会得到怎样的结果？还有些父母由于受传统教育思想的影响，认为“棍棒之下出孝子”，要时时处处对孩子严厉一些。于是，他们不分青红皂白地对孩子所有的错误都严厉指责，甚至有些家长生气的时候口不择言，对孩子恶语相向，丝毫不顾及孩子幼小心灵的承受能力……

其实，这种做法很容易扼杀掉孩子对生活和学习的自发性、主动性和积极性。发展到最后，必然是孩子因为害怕犯错之后挨骂，而不主动去学习和尝试了。那样，孩子的探索欲和求知欲就会被毁灭，后果就可想而知了。

作为家长，尤其要注意惩罚孩子时最不应该采用的方式就是对孩子挖苦、讽刺甚至谩骂。因为这些不恰当的行为已超越了孩子的心智能够承受的范围，将会给孩子的自尊心带来很大伤害。如果父母在责骂孩子的过程中无法控制自己的情绪，口不择言，让“责”变成了“骂”，甚至为了骂而骂，这就背离了惩罚孩子的初衷，其结果只会是适得其反，不但无法改正孩子的错误，反倒给孩子带来了另外的伤害。

所以，父母在惩罚孩子的过程中，一定要牢记不能恶语相向，要知道我们的目的是帮助孩子改正错误，绝不是为了图一时嘴巴痛快而去伤害孩子敏感的自尊心。惩罚孩子要讲究方式，责骂孩子同样也要讲究用语，这是一个合格家长所必须具备的素质和能力。

PART 08

胆小的孩子不要护，多多锻造孩子的勇敢精神

“

生活中，

人们常常称赞那些勇敢克服困难、临危不惧的孩子，

家长们也都希望自己的孩子是个勇敢无惧的人，

谁都不想让自己的孩子成为胆小怕事者。

孩子们缺乏勇敢精神，

究其根源，

大多是因为家长给予孩子过多的爱，

使孩子在过度的保护中成长。

”

勇敢者，才是幸福与成功的宠儿

很多孩子性情胆小、怯懦，他们害怕和陌生人说话，害怕去陌生的环境。究其原因，主要是因为这些孩子大多没经历什么风吹雨打，过惯了养尊处优的生活。在这种安逸的享受中，孩子习惯了父母的呵护，失去了冒险、探索等本该具有的性格和行为习惯。这样的孩子很难在未来的人生之路上得到幸福和成功的青睐，作为家长，一定要意识到这一点。

我们知道，成功的重要因素之一就是要胆大心细，有勇有谋。要想让孩子在未来的人生道路上获得成功，除了知识的积累和能力的培养外，还有很重要的一个因素，就是性格中的自信和勇敢。如今的家长，对孩子的教育极为重视，尤其是在智力投资上不惜成本，只要是有利于孩子智力发育的，就可以大把地花钱。可是却很少有家长在培养孩子勇敢的性格上下功夫。

如果家长忽略了对孩子勇敢精神和刚强意志的培养，那么孩子就会变得胆怯、怕生，遇到事情畏首畏尾，更不敢有任何冒险和探险行为。而在孩子未来的人生旅途中，勇敢和聪明同样重要。

晶晶是一个正在读初一的14岁女孩，她说："因为父母平时比较忙，我一般都住在奶奶家里。奶奶对我有'一好三不准'：所谓的'一好'是指好好学习；而'三不准'则是指刀不准我动，电不准我动，火不准我动。我长到这么大，根本没划过火柴，没用过打火机，没切过一次菜。"

我们常听到父母对孩子说："只要你把学习搞好了，其他的什么都不用你管！"

我们是否应该反思一下，对于孩子来说，学习真的是凌驾于所有事情之上最重要的事情吗？如果不给孩子适应生活的机会，以此来培养孩子勇敢、自信、独立自主、勇于克服困难的品格。那么，我们培养出一个怯懦、胆小的孩子又有什么奇怪的呢？

孩子还处在成长阶段，性格的可塑性很强。那么，作为家长，应该如何去培养孩子勇敢的品格呢？

首先，家长不要强迫孩子否认和掩盖自己的恐惧感。

作为父母，不要强迫孩子否认和掩盖自己的恐惧感，而是要正确引导孩子对待自己所害怕的事物，可以给孩子讲解那些令其惧怕的事物的相关知识。如有的孩子害怕黑夜和打雷，父母就可以告诉孩子形成这些自然现象的原理，并告诉他们这是自然界的基本规律，没有什么值得害怕的。这样一来，不仅丰富了孩子的课外知识，还可以帮孩子增强安全感。

其次，家长要从孩子的认知角度去了解孩子所惧怕的事物。

父母应弄清楚孩子心生恐惧的原因，然后有针对性地去进行劝解。比如有的孩子在儿童影视作品中了解到了妖怪等东西，致使自己不敢一个人待在房间，或者晚上不敢独自睡觉、去厕所等。这个时候，父母不要大发脾气训斥孩子，而是应该用孩子能够接受、理解的方式去宽慰他。比如告诉孩子，那些故事里的妖怪是不存在的，或者妖怪不会伤害小朋友等等。这样可以让孩子更容易接受，从而消除恐惧感。

最后，家长要注意从小就培养孩子的独立性，树立他们的自信心。

在日常生活中不要对孩子过分呵护，要相信他们自己能够照顾好自己并且有能力解决遇到的难题，从而锻炼孩子的意志和信心。家长要鼓励孩子自己独自去面对困难，克服对父母的依赖性。

总而言之，要想让自己的孩子勇敢起来，敢于面对那些自己未知的东西，父母就要从自身做起，经常与孩子进行沟通，了解他们的内心，看看他们在害怕哪些东西，然后有意识地锻炼他们的勇气和独立性。如果父母能够长期坚持下去，就会发现自己的孩子正渐渐成为一个敢于面对困难的勇敢者。

总把孩子护在身边，孩子胆小又懦弱

有这样一个故事：有位老人在山里打柴时，偶然拾到一只样子怪怪的雏鸟，个头和刚满月的小鸡一样大小。也许因为实在太小了，还不会飞，它只能在林木间战战栗栗地行走。老人出于怜惜之心就把这只怪鸟带回了家。老人的孙子很调皮，他将怪鸟放在小鸡群里，充当母鸡的孩子，让母鸡代为养育。母鸡没有发现这个“异类”，全权担负起一个母亲的责任。

怪鸟一天天长大，轮廓渐渐变得明朗起来，人们才发现那只怪鸟竟是一只鹰。人们担心鹰再长大一些会显露出食肉的本性，甚至会吃掉村里所有的鸡。为了保护自家的鸡，人们一致强烈要求——要么杀了那只鹰，要么将它放生，让它永远也别回来。这一家人自然舍不得杀掉鹰，他们决定将鹰放生，让它回归大自然。然而无论他们用何种方式驱赶它，这只鹰都死活不肯离去。

后来村里的一位老人说：“把鹰交给我吧，我会让它重返蓝天，永远不再回来。”老人将鹰带到附近一个最陡峭的悬崖绝壁上，然后将鹰狠狠向悬崖下的深涧扔去。那只鹰开始时犹如石头般向下坠去，然而快要到涧底时它终于展开了双翅稳住了身体，开始缓缓滑翔，然后轻轻拍了拍翅膀，飞向蔚蓝的天空。它越飞越自由舒展，越飞动作越漂亮。它越飞越高，越飞越远，渐渐变成了一个小黑点，飞出了人们的视野，再也没有回来。

这个小故事的寓意相信每一位家长都看得出来。作为父母，如果对孩子过于呵护，孩子必然得不到锻炼。即便原本是雄鹰，也会被这样的父母“呵护”得无法展开双翅翱翔天空。

元旦前夕，果果的爸爸要带他去参加一家少儿培训机构组织的元旦联欢活动。活动主办方表示，欢迎前来的小朋友都能够踊跃报名，他们会给每个孩子上台表演的机会。爸爸知道儿子一向不太敢于表现自己，所以希望能够通过这个机会唤起果果的自信心和表现欲。

可是，虽然爸爸再三劝说和鼓励，也没能让果果鼓起上台表演的勇气。当看到别的孩子积极而欢乐的表演时，果果的爸爸羡慕极了。他多么希望自己的儿子也和那些孩子一样，不管水平如何，都敢于上台表演啊！

他曾多次问过儿子，到底为什么不敢上台？果果的回答是，担心自己表现得不好，被别人取笑。其实，不仅这一次，果果平时在学校也是个缺乏自信的孩子。班主任张老师来做过几次家访，每次谈到果果在学校的表现，老师都会特别强调果果胆子小，不积极回答问题，不爱参加集体活动等。

那么，是什么原因造成了果果如此内向胆小的性格呢？原来，果果是由爷爷奶奶带大的。爱孙心切的奶奶生怕果果有一点闪失，整天都将果果留在家中，很少带他出去接触外面的环境。冬天天冷的时候奶奶甚至能陪着果果在床上玩一天。久而久之，果果变得很怕见生人。到了外面，尤其是陌生的环境，也不敢与外人接触，总是要大人抱着，更不用说跟小朋友一起玩了。孩子胆怯等不良心理行为的形成，与成长环境和家长的教育是分不开的。在过分被保护的家庭教育下，孩子习惯于对紧张刺激做出被动消极的反应。随着年龄的增长，孩子在家长面前的屈从，逐渐演变成了别人面前的怯懦。

所以说，父母在生活中要鼓励孩子多走出去，多做尝试，敢于表达自己的感情和能力。父母可以带孩子一起出去交往，多见世面。当一个人见多识广，逐渐形成自己独立的意识和判断时，才会有常人所不具备的智慧与勇气去面对困难。

除此之外，父母可以多带孩子参加亲子聚会，或者是同事朋友之间的聚会。这样可以让孩子多见不同的人，听不同的事，让孩子懂得各种场合中应该如何礼貌应对。在这个过程中，孩子能逐渐养成一种不惧人、不惧事，凡事应对自如，勇于表现和争取的性格特点。

想让鹰学会飞翔，就要给它蓝天，整天待在鸡窝里，它是永远学不会飞翔的。我们要想让孩子的人生有所成就，就必须懂得在关键时刻把他带到人生的蓝天上，让他去历练，去学习，这样他才能真正地飞翔起来。我们必须明白，父母不可能永远跟着孩子，无法为孩子预约未来。倒不如让孩子在其力所能及的事情上，自己去思考问题，解决问题，逐步培养孩子独自处理事情的能力。这样一来，孩子才能大胆地去探索外面的世界，学到生存的必要技巧，为今后的生活打下坚实的基础。

培养孩子的胆量，从分床睡开始

我经常听到有些家长彼此诉说想与孩子分床睡觉的苦恼。

一个家长这么说：“我家孩子今年都 9 岁了，可是依然不敢自己睡觉，每天晚上硬要跟我们挤在一起才能睡得着，这可如何是好？眼看着孩子一天天长大了，总不能成人以后还是跟父母挤在一起吧？”

另一个家长说：“我儿子快上小学了，从小到大一直都是我陪着他睡觉，他很黏我。在他 5 岁的时候，我觉得应该培养他的独立意识，便决定让他独自一个人睡，并特意给他布置了自己的小房间。可是他每次都是说好了自己睡，但却做不到，晚上总是不停地又哭又喊，害得我也休息不好，我都不知怎么办了。有哪位有经验的朋友给点建议，怎么才能让他独自一个人睡呢？”

在一些育儿网站的讨论区，类似的烦恼和求助还有很多。那么，到底是什么原因导致孩子不敢自己一个人睡觉呢？

第一，在孩子很小的时候，一些父母因为担心孩子夜里睡觉踢被子，为了能在夜里更好地照顾孩子而让孩子跟自己睡一个被窝。久而久之，在孩子幼小的心灵中便播下了依赖性的种子，并最终随着年龄的增长而发展到不敢一个人睡觉。

第二，有些家长过于溺爱孩子，过于迁就孩子。孩子到了该跟父母分床睡觉的年龄，却始终不肯离开父母自己睡觉，而父母又狠不下心来强制分床睡，只好让孩子继续跟自己一起睡。这么一睡，就睡到了八九岁，有的孩子甚至十几岁还跟爸爸妈妈睡在一张床上。

那些在分床睡这件事上纵容孩子的父母大概想不到，正是他们的纵容，让孩子形成了心理上和思想上的双重依赖。孩子总觉得跟爸爸妈妈一起睡觉才有安全感，才能睡得着，一分开睡觉就焦虑不安，恐惧得难以入睡。这种畸形的心态，很可能会一直伴随孩子到成年。

从儿童心理学的角度来说，让孩子独自睡觉不仅是孩子成长过程中所必须经历的，而且独自睡觉对孩子的独立性和健全的人格发展同样很有好处。它不仅让孩子有独立的机会，更有益于孩子的身体健康。

可是，家长需要怎么做才能把一直和自己一起睡觉的孩子“赶”走呢？这个过程中家长需要解决两个问题：第一是克服孩子对父母的依赖心理和独自睡觉的恐惧心理。第二是家长要“狠下心来”，不能一味迁就孩子。具体来说可以用以下两步：

首先，家长要让孩子明白独立睡觉是一个人长大了的标志，而不是父母从此不再爱他了。具体来说，父母可以发挥孩子的主动性和想象力，和孩子一起布置他的小房间或者小床铺，父母要尽可能地满足孩子的愿望。这样，孩子会感到他长大了，有了自己的一片小天地。这在心理上满足了孩子独立的需要，同时又为孩子创造了单独睡觉的环境。

其次，家长要注意循序渐进，先分床，再分房，让孩子慢慢适应。在和孩子分床睡的过程中，归根结底，问题的焦点只有一个，那就是安全感。只要家长能够给予孩子足够的安全感，那么分床睡一定是一件水到渠成的事情。比如，在与孩子分床、分房睡觉时，家长可以打开孩子房间的门和自己房间的门，让两个空间连通起来。这样，孩子会感到自己还是和父母在一个房间里睡觉，只不过不是在同一张床上。

总而言之，只要能做到以上两点，让孩子自己睡觉，培养其独立能力就不再是一件难事。

在分床睡这件事上，家长一定要坚持自己的原则。有的家长跟孩子分床后一见孩子哭闹就难以坚持，又让孩子回来同睡，这样做是万万不行的。孩子和父母分床而睡并巩固成习惯，并非一朝一夕即成，期间，孩子情绪难免会有反复。但家长需谨记，只要决心已下，就要持之以恒，好习惯才可能日趋巩固。

把孩子放到人群中，让害羞的孩子大方起来

也许我们都曾有过这样的经历：在大庭广众之下讲话时常常会感到有些紧张；在人多的场合与陌生人打交道感觉很不自在；到了一个新团体把自己介绍给大家认识时，同样也会有恐惧的心理。对于大多数人来说，这都是正常现象，很快就会消失。但在一些性格相对内向、怯懦的孩子当中，这种情况并不会随着时间流逝和年龄的增长而得到缓解。有些孩子甚至在与熟人讲话时都会感到紧张与脸红。更有严重者，在与家人和朋友的正常交往沟通过程中，也会出现紧张、口吃、出汗、心跳加速等现象。有些家长认为这是孩子小、害羞，没什么大不了的，年纪大一些就好了。但事实并非如此，这种性格如果不加以改善，任由其发展下去，很可能发展为社交焦虑障碍或社交恐惧症，这对于孩子的成长是极为不利的。

田女士一直为12岁的女儿小艺担心。因为和同龄人相比，小艺总是很害羞，几乎没有很要好的朋友。田女士知道，小艺对此也很苦恼。她决定创造机会教会小艺如何与他人沟通、交往。利用在小区活动休闲的机会，田女士带着小艺主动跟其他的家长和小朋友打招呼、聊天。在聊天的过程中，田女士会主动向邻居介绍小艺优异的学习成绩，以及小艺热心助人的特点。此外，田女士还主动提出让小艺无偿给那些年龄相仿的小朋友辅导功课，这一点得到了邻居们的广泛认可。他们都愿意请小艺这样的乖乖女到家里和自己孩子玩，更何况小艺还可以帮忙辅导功课。小艺一下子成了小区的"红人"，到哪里都有家长跟小艺打招呼。

渐渐地，小艺收获了同学和伙伴们的友情，同时也找到了自信心。其实，只

要父母善于发掘，就能为孩子克服胆怯找到一个突破口，从而帮他们走出害羞的阴霾。

小艺的例子值得很多害羞孩子的家长参考。一般来说，那些害羞的孩子并不是一无是处，只是不善于表达自己，不能展示自己的长处和优点，这个时候就需要家长的引导和辅助。像小艺的妈妈田女士那样，家长要主动去发掘孩子身上的闪光点，培养孩子的一技之长，这样不但对于改善孩子的害羞内向有好处，还可以让这个一技之长长期坚持下去，甚至可能成为孩子终生的爱好。

一般情况下，有一技之长的孩子更容易引起别人的关注。比如，一个会弹钢琴的孩子，偶尔表演一次，会让众多不会弹琴的孩子产生羡慕之情。这样，弹琴的孩子可能就会因此而感到骄傲和自信。

父母可根据孩子的性格爱好和气质类型，和孩子一起选择一项孩子喜欢的才艺，并好好地学习，例如书法、绘画、下棋、演唱等。如有机会，就让孩子在众人面前展现自己的特长。这样一来，孩子的胆量就会越练越大，自信心也会越来越强，离害羞、胆怯也就越来越远了。

此外，家长在日常生活中还要多给予孩子鼓励，培养孩子的自信心和心理承受能力。大多胆怯的孩子，很怕受到外界的忽视或者歧视。每当这时，他们就会感到非常自卑，而越是自卑就越不敢大声说话，造成恶性循环。

如果你的孩子也比较胆怯，你可以告诉他："没关系，有我们帮助你，你会好起来的。"当孩子感受到来自父母的关爱和支持，胆怯心理就会有所缓解。

当然，帮助孩子消除胆怯心理，还需要父母更多的鼓励。只要孩子取得了进步，哪怕只有一丁点儿，家长也要给予热情而真诚的鼓励。孩子在父母的鼓励中，会产生被认可、被接受的感觉，从而增强自信，消除紧张感。

没有哪对父母想让自己的孩子成长为一个胆小、怯懦的人。但如果你的孩子正好具备这样的性格特征，你就要积极行动起来，有意识地培养孩子勇敢大方的性格。通常来说，即使再害羞的孩子，他们的身上也会蕴藏着某方面的潜力，只是他们不知道如何将它展示出来。这样的孩子比那些性格外向开朗的孩子，更需要父母的帮助。所以，要克服孩子害羞、怯懦的心理，父母就要行动起来，多带孩子到人群中去，展示孩子身上的闪光点，让孩子在与他人的交流过程中找回自信，赶走害羞。

孩子想得到好东西时，请鼓励其勇于争取

如果一个人在生活和工作中，总是依赖别人的呵护与帮助，即便他具有再强大的本领，也会在激烈的竞争中不堪一击，因为他缺乏独自面对挑战的能力。独立是竞争力的必备前提。所谓独立，就是能够主动地发现问题、解决问题，并在任何形式的对抗中，掌握控制的权力。独立是一种基本生存能力，是塑造自我、完善自我的首要条件。

独立解决问题的能力对于孩子的成长和发展来说是至关重要的。俗话说："温室里长不出参天松，庭院里练不出千里马。"这个道理虽浅显，蕴含的意义却很深刻。如果我们的孩子 3 岁还不会自己上厕所、4 岁还不会自己换衣服、5 岁还记不住家的方向，那么，就算他能识字上千、背诗百首，作为家长的你，也会为了孩子未来的独立生存的能力而担忧吧？

现实生活中，有不少父母认为：孩子还小，自己做事有危险，等孩子到了一定的年龄，自然就会懂得独立了。以至于很多孩子到四五岁时还不会自己穿衣服，遇到什么事情都要依靠父母。而事实证明，越早独立的孩子，长大后的自理能力越强，也更能适应现代社会的激烈竞争。

曾经有一位成功人士讲起自己小时候关于这方面的经历时是这样说的："有一天妈妈拿来几个苹果，我和兄弟们都争着要大的。妈妈把那个最大的苹果拿在手上高高举起，对我们说：'这个苹果最大最红最好吃，谁想得到它？'我们三兄弟同时举起了手。'很好，现在让我们来做个比赛。我把门前的草坪分成三块，你们

每个人负责修剪一块。谁干得最快最好，谁就能得到这个最红最大的苹果。’我们兄弟三人比赛修剪草坪，结果我赢了。我非常感谢母亲，她让我明白了一个道理——要想得到最好的，就必须付出配得上它的努力。”

这种从小培养孩子勇于去争取、去竞争的做法，对于孩子将来步入社会之后的帮助是非常大的。想必大家都会有这样的体会，小的时候在家有父母的照顾，在学校有老师同学的照顾，但是走上工作岗位之后，没有人会再刻意去照顾你，所有的事情都需要自己去承受。许多刚毕业步入社会的朋友都会经历一段不适应的时期，觉得自己一下子被整个世界冷落了，但是心情低落一段时间之后就会明白，这个世界上除了亲人朋友，没有谁有责任去照顾你、呵护你，所有的事情都需要学会自己去承担，这正是每一个人步入社会后必经的成长过程。事实证明，命运不会刻意去照顾任何一个人，它只青睐那些自强自立的人。一个人如果没有勇气去争取自己想要的东西，那么他永远不可能获得成功。

曾经有一位教授，专门观察记录一群大学生在课堂里的座位选择。他发现，有的学生总是喜欢坐前排，有的则喜欢坐中间，有的经常选择后面的位子。十年后，这位教授公布了自己的研究结果——当年那些总坐前排的学生，事业获得成功的比例远高于其他同学。无独有偶，美国一位著名心理学专家的观察也证实了这一点。早在 1969 年他就发现，主动选择坐前排座位的学生，参与课堂活动的比例达 61%，对功课更感兴趣，更愿意主动与老师交流。而选择最后一排以及两边座位的学生，参与比例只有 31% 和 48%，而且在听课时容易走神，喜欢做小动作。可见，一个人主动选择坐在前排，意味着他具有更积极主动的心态，更乐于参与和交流，同时对新鲜事物有着更强烈的兴趣，保持着更敏锐的感觉。

其实，是否坐在前排这个问题只是个表象，它所反映出来的本质问题是：一个人是否能够保持积极主动的心态。有了积极主动的心态，才有了成长的动力。只有当一个人愿意成长的时候，才能真正成熟起来。

在日常生活中，家长一定要注意扩大孩子的社群接触面。通常来说，那些怯于表现自己的孩子面对众多目光的注视时只是觉得不安和恐惧，而并不是讨厌赞美和掌声。所以，家长应有意识地扩大孩子的社群接触面，如经常到同事、亲戚家串门，或者在假期的时候一家人背上行囊去旅游，让孩子置身于川流不息的游客潮中……随着阅历和见识的增长，孩子面对别人的目光时，便会多几分坦然和勇气。

作为家长，要让孩子明白：很多东西，你争取了便会拥有，如果你只是在那里等，那么你永远也不可能拥有它们。在适当的场合，每个人都应该努力去表现自己，使自己获得他人的认同，从而体现自己的独特价值。

带孩子去冒险，克服孩子畏缩不前的倾向

8岁的小勇跟爸爸一起去郊游，久居城市的孩子到了郊外，自然是开心得不得了。小勇在野地和树林里来回奔跑穿梭，玩得不亦乐乎。这时，小勇的爸爸忽然想到这是一个锻炼孩子勇气的好机会，因为小勇平时并不是一个特别勇敢的孩子。爸爸问小勇想不想爬上旁边的那棵小树，小勇思索了一下，答应了爸爸的提议。爸爸假装在一边欣赏风景，实则在暗中偷偷地观察着小勇的一举一动。

只见小勇在树下仔细地看了一会儿，开始显得有点笨拙地慢慢向上爬。好不容易爬上树的主干，小勇却慌乱地用脚去踩一条很细的枝干。眼看那条枝干就要被踩断，小勇爸爸刚想跑过去接住将要从树上摔下来的小勇，只见小勇忽然离开那条细枝干，继续向主干上方爬去。最终他爬到了一根结实的树杈上，还得意扬扬地看着爸爸。

等小勇玩够了从树上下来之后，爸爸才问他："儿子，你在爬树之前，在树下看了半天，你在找什么东西吗？""不是，爸爸，我在考察'地形'，看看这棵树从哪个角度最容易爬上去。"小勇一本正经地回答。"你刚才是不是差点把那条小细枝干踩断，从树上掉下来呀？"爸爸想起那根细树枝，又忍不住问。小勇却说那是他在试探那根树枝的承受能力究竟有多少，不会掉下来的。

这件事让小勇爸爸印象深刻，每个孩子都是很聪明的。虽然他们天生具有冒险的特性，但他们在冒险之前还会对事情做出一定的分析。小勇爬树的例子就是一个很好的证明。在爬树的过程中，小勇不仅会观察"地形"，还会试探树枝的承受能

力，他们有很多家长意想不到的“自保”方式。所以，家长大可不必担心孩子去冒险。在风险可控的前提下，甚至可以鼓励孩子适当地去冒险，这样既可以锻炼孩子的胆识，也能够增加孩子的应变能力。

胆怯和退缩是孩子成长、成功道路上的绊脚石。我们该如何踢开这块绊脚石，让孩子勇往直前地走在成长、成功的道路上呢？——树立孩子的自信心。

胆怯退缩的人往往是缺乏自信的人，对自己是否有能力完成某些事情表示自我怀疑，结果可能会由于心理紧张、拘谨把原本可以做好的事情弄糟了。有不少孩子本来平时成绩不错，但是一遇到比较重大的考试就紧张得不得了，结果成绩很糟糕，明显低于平时水平，这就是缺乏自信惹的祸。

关于胆怯和退缩，有这样一个小故事。有一个登山爱好者，去爬一座很高的山，因为种种原因被困在了半山腰，上也不行下也不行。眼看天黑了，他还没能联系到救援队伍。虽然有登山索保证他的安全，但是山中到了夜里气温非常低，如果不能找到一个避寒的地方，他一定会因为身体失温而丧命。这时候他开始害怕起来，慌乱中一脚踩空，笔直地向山崖下坠去。不知道过了多久，下坠停止了，原来是之前固定的登山索起了作用。他悬在空中，四周一片黑暗，手脚都没有地方可以借力。最终他绝望地放弃了逃生的计划，冻死在了登山索上。

第二天救援队发现了他的尸体，悬在距离地面不足三米的地方。如果不是因为恐惧而绝望，使他失去了思考的能力，他完全可以试着把身上的水壶等物品丢下去试探一下脚底的高度，然后用小刀把登山索割断下到地面，找一个避风的角落坚持到天亮。可惜他被恐惧夺去了勇气，最终丢掉了性命。

所以，家长一定要告诉孩子——不管什么时候，无论是面对什么事情，都一定不能因为恐惧而畏缩不前，要告诉自己“我一定能做到”。这就是成功者所必需的强大武器——信心。有了它，即使面对再复杂再艰难的局面，也能够拥有前行的勇气。

当然，自信心不是凭空产生的。在做每一件事情之前，家长都应该结合当时的情况，帮助或提醒孩子做好充分的准备，这样就增加了孩子取得成功的可能性。

而每一次成功又会成为孩子尝试下一个任务的动力，从而形成一个良性循环。最终他将越来越自信，越来越敢于尝试新的东西，迎接更多的挑战，为自己争得更多的发展机遇，赢得更多成功的经验。

冒险不是犯险，给孩子的冒险“上好保险”

相信每一位家长都有这样的切身体会：不知道从什么时候起，原本乖巧的孩子变得每天都不让人安宁。一开始的时候，他们喜欢爬到柜子上，再从柜子上跳到床上，家里的水杯不知道被孩子打坏了多少个……慢慢长大以后，孩子在小区里有了小伙伴，学会了结伴去小区的花园里爬树，学会了在操场骑自行车跟小伙伴比赛。终于有一次，孩子满身伤痕地推着坏了的自行车回到家里，让父母哭笑不得。

诚然，每一位家长都希望自己的孩子能够足够勇敢，具有冒险精神和开拓精神，但是我们必须要告诫孩子，一定要掌握分寸。冒险精神有助于孩子的成长，但是如果过了头，就变成了“犯险”，换来的只会是健康的损伤和家人的担心。

闯闯就是一个充满冒险精神的小男孩，与邻居家乖巧的女儿相比，他简直像是来自另外一个星球，对身边的任何事物都充满了好奇心，碰到什么都想看一看、摸一摸。由于闯闯正是身心发育的阶段，身体的协调性较差，缺乏一些必要的生活经验。自我保护的意识也较差，常常不能预见自己的行为会产生什么样的后果，导致闯闯经常会出现受伤以及安全方面的问题。有一次闯闯看到爸爸为厨房更换新的灯泡，那个接上之后就闪闪发光的大玻璃球引起了他强烈的好奇心。

有一天，闯闯趁爸爸妈妈不在家，自己踩着小椅子想要去碰妈妈床头上的台灯，他甚至还试图把台灯上的“大玻璃球”拧下来……他的行为让一家人惊出一身冷汗，他对于这个世界的好奇以及冒险尝试的精神远远超出了父母的想象。

后来，闯闯的爸爸专门抽出时间用电线和灯泡向闯闯演示了如何让灯泡亮起来，同时也认真地给他讲解了电的可怕之处。也许闯闯还不能真正理解其中的道理，但是他看到爸爸严肃的脸庞，还是认真地点了点头。

其实，对于每一个孩子来说，成长的过程就是一个通过不断冒险去学习的过程。尤其是那些男孩子的家长，更是因为孩子的顽皮和淘气而伤透了脑筋。随着年龄的增长，家长们对孩子的这种冒险天性也有了全新的认识。但是，每一位家长都会有这样的想法，希望在不压制孩子冒险天性的同时，尽可能地去保护孩子的人身安全和健康。因为对于孩子未来的人生而言，健康平安才是最重要的。

孩子好像总是那么精力充沛，一刻都不想停下来。爬树、满院子追逐、与小伙伴打架……有些家长经常不由自主地叹气，“养个孩子真麻烦”。但是父母一定要认识到，这些都是孩子成长过程中所必须经历的阶段，如果少了这个阶段，他们的童年将变得了无趣味。

父母都应该知道，好奇心是孩子的天性，他们需要广阔的空间和自由的行动。家长正确的做法是，在不压抑孩子天性的同时，尽可能地让他们明白自我保护，以及身体健康安全的重要性。比如我们一定要告诉孩子，即使是在玩耍的时候，也存在着许多的安全隐患，比如自行车骑太快，或者从滑梯顶部直接跳下来都是很危险的行为，而危险行为将会给他们的身心带来损害。

此外，在日常生活中，家长一定要不失时机地教会孩子一些自我保护的具体技能。比如家里跑水了怎么办？着火了怎么办？有陌生人敲门怎么办？还要教育孩子严格遵守交通规则，在体育活动中注意安全；在劳动中安全地使用各种工具；上学、放学、外出时尽量走大路，少走僻静小路，如只能走僻静小路，最好结伴而行，等等。这些都是给孩子“上保险”的做法，孩子只有熟练地掌握了这些技能，才可以在身处险境时，进行有效的自保。

总而言之，孩子有冒险精神虽好，但一定要“上好保险”，让他们安全地探索这个世界。

PART 09

“逼”孩子从小自律，让其学会自我管理

让孩子学会自我管理并不难，

关键是父母如何教导。

事事都帮孩子打理好的父母根本不给孩子自我管理的机会，

又怎么能让孩子学会自我管理呢？

不能自律的孩子，人生将会变得糟糕无比

子凡今年五岁了，虎头虎脑的样子很招人喜爱。但他每次笑起来的时候，嘴里那两排被虫蛀的牙齿让这个白胖可爱的小男孩逊色不少。

为了控制儿子吃糖，妈妈把家里所有的糖都藏了起来。可是家里可以藏的地方毕竟有限，子凡每次都能轻易地找到妈妈藏起来的糖。

无奈，妈妈只好到育儿论坛里寻求帮助，很快便学了一招。妈妈不再限制子凡吃糖，而是告诉他：“以后家里的糖都归你保管。但是糖吃多了没有好处，所以你每天只可以吃两块。如果你能按照这个约定坚持一个月，那么月末妈妈可以另外奖励一盒你最爱吃的果仁儿巧克力。”

子凡觉得每天可以吃两块糖，自己还可以赚到爱吃的果仁儿巧克力，简直太划算了。于是，他高兴地答应了妈妈的提议。一开始的两天，子凡还是忍不住多吃，妈妈并没有多说什么，而是告诉他：“自己答应的事情，一定要做到。”

一段时间过后，妈妈惊喜地发现，子凡开始严格遵守他们之间的约定。坚持到一个月的时候，妈妈亲自带着子凡到超市买了一盒精美的果仁儿巧克力。

生活中，想必很多父母都会遇到类似子凡吃糖这样的事，有的可能是吃冰棍，有的可能是喝冷饮。往往都是吃了还要，怎么也吃不够。孩子在幼年时期，做事基本都是受冲动和欲望影响的，他们还不会控制自己的欲望和感情。大多数孩子直到三四岁之后，才逐渐拥有较少的自律能力。

上文中子凡妈妈的做法很值得家长们学习，利用奖惩方式为孩子制定规矩，来

培养孩子的自律能力，让他知道在什么该做，什么不该做。

懂得自律，不仅仅对孩子身体的成长发育有好处，更关键的是，它事关孩子成长的整个过程，乃至他的整个人生。

有位美国心理学家曾进行过这样一个实验：将几个孩子留在一个放有巧克力的房间，叮嘱孩子们在半小时内不要吃桌上的巧克力，能够做到的孩子将会获得双倍的奖励。半个小时后，只有一个孩子没有碰桌上的巧克力。他受到了奖励，而其他人则失去了享用更多巧克力的机会。

第一次实验结束后，研究人员对其他孩子进行了心理辅导，并告诉他们短时间内控制自己的欲望将会获得更加诱人的奖励。经过三次重复实验后，所有的孩子都具备了自制力，在半小时内没有去碰巧克力。

这个实验给了我们两点启示：第一点是，一开始就懂得自律的孩子很少；第二点是，孩子自制力的建设只有通过反复训练才能获得较好的效果。所以，父母要做好充分的心理准备，让自己带着足够的耐心来培养孩子的自律能力。

在日常生活中，父母要想加强孩子的自律能力，首先要学会的是适度放手。这里所说的放手，当然不是让家长对孩子放任不管，而是指在一定程度上逐步放手。比如在孩子做作业的时候，有些父母可能习惯于盯着他写。当他升入一个新的年级或刚刚过完某个生日之后，父母可以郑重地对他说："你已经长大了，试试自己做功课，做完后拿来给我看好吗？"

当然，没有哪个孩子天生就懂得自律，家长在培养孩子自律性的过程中也要注意方式、方法。比如父母应该懂得如何给孩子做出示范和引导："你帮我一起收拾一下房间好吗？"受到邀请的孩子会感受到父母的信任，于是兴致勃勃地帮忙。一旦完成得比较好，且得到父母的鼓励和表扬，那么他一定会主动将自己的房间也打扫干净。这样一来，孩子在不知不觉中就建立起了自律意识。

需要注意的是，很多时候父母如果突然提出不允许孩子做某件事，很可能会引起孩子的反感。所以在对孩子进行要求和规范之前，要顾及孩子的情绪，最好提前给他一个准备时间。比如发现孩子看电视的时间较长，不要马上把电视关掉，可以在开始的时候和他约定收看的时间，到接近时间的时候再次给他预告，告诉他：“时间快到了，再过 15 分钟我就要关掉了。”这样做可以让孩子有时间来面对内心的不情愿，然后慢慢适应。给孩子一个预告时间，协助他学习接受与父母之间的约定，这是自律中十分重要的环节之一。

在孩子的意志和人格还处在不健全阶段的时候，如果父母不对孩子进行及时的引导，让他懂得自律的重要性，那么在此后的人生中，他将很难拥有自律的良好习惯。孩子自律意识的养成，不是一蹴而就的，家长要多鼓励、多提醒、多监督，这样才会帮孩子逐步养成自律的意识和自我控制的能力。

培养孩子的自控力，让孩子从控制情绪开始

大多数家长都非常关注孩子的智商、情商、财商、性格等方面的发展，而忽视了孩子自控力的培养。让孩子独立是家长的必修课，而自控力是孩子自我成长的秘诀。我们中国人常说的修身养性，其中就包含了自控力。可以这样说，当一个人真正学会驾驭自己的行为和情绪时，他才能真正成为自己的主人。因此，对于孩子来说，学会克制自己的行为和情绪是十分必要的。

孩子小时候的自控能力是非常差的，当看到自己想要的东西时，他会不顾一切地想得到。当父母不满足他的要求时，他就会不停地哭闹。面对这样的情况时，父母一定要沉得住气，理性地面对孩子的“无理取闹”。

当对家长、老师不满意，或者自己的心情不好时，大部分孩子往往都会大声喊叫、发脾气，甚至砸东西。如果家长这时训斥他，孩子发怒的劲头往往会越来越大。这个现象想必很多家长都有体会。孩子在 2~5 岁这一阶段，易怒的特征会越来越明显。这时，家长如果不能对孩子的这种行为进行适当地引导和压制，很可能使孩子形成暴躁、易怒的性格。

小凯的数学考试没有发挥好，回家之后他就把自己关在屋里，用拳头狠狠地击打墙壁，他的手为此也受了伤，小凯的爸爸妈妈怎么劝也没有用。后来，针对小凯的坏脾气，爸爸给他做了一个沙袋。以后小凯再不高兴的时候，就会把自己想象成一个出色的拳击手，用打沙袋来发泄自己的情绪。这不失为一个一举两得的好办法。给小凯做一个沙袋，既能防止小凯受伤，又能使小凯的不良情绪顺利地发泄出来。

当然，仅仅让孩子发泄情绪并不是教育孩子的最终目的。当孩子的情绪稍微稳定后，家长应该告诉他，什么才是更好的抒发、控制情绪的方式。

在面对孩子的坏脾气时，家长也要负起应有的责任。比如当孩子提出不合理、过分的要求时，家长应注意采取正面教育的方式，跟孩子讲道理，如告诉孩子这样做不对，为什么不对，怎样做才是对的，帮助孩子提高分辨是非的能力。孩子的是非观念正是在学习处理各种具体事情的过程中逐渐形成的。需要注意的是，在这一过程中，父母一定要以身作则，不要让自己的脾气失去控制，否则的话，等于是给孩子做了一个最坏的榜样。失控的怒火会影响父母管教孩子的效果。父母如果总是大喊大叫，孩子不但学不到什么，相反，一旦习惯了父母的这种方式，还会将父母的话当作耳边风。慢慢地，孩子甚至会效仿父母情绪的抒发方式，变得同样暴躁。

引起孩子情绪失控的原因很多，而家长首先应该有耐心地给予孩子足够多的共处时间，寻找孩子发脾气的原因。而不要一看到孩子生气、发脾气家长就乱了阵脚，或者试图通过吼骂孩子来控制孩子发脾气时的行为，这样做只会适得其反。家长应避免刺激孩子，不要有过激的言行，而是通过相对温和的方式，来平复孩子暴躁的情绪。我们不妨告诉孩子，在他们遇到让自己愤怒的事情时，首先在脑海里想象愉快的场景或事情。比如闭上眼睛，回忆过去一次愉快的经历，像在美丽的溪水边，或辽阔的大海边嬉戏，或是回味一下跟父母做游戏的美好时光。研究发现，愉快的回忆能舒缓紧张的情绪，让人心生愉悦感。

需要引起我们注意的是，改变孩子的坏脾气不是一朝一夕的事情，家长需要足够的耐心来帮助孩子控制自己的情绪，用爱陪伴让孩子健康快乐地成长。

与孩子约法三章，给孩子一些必要的限制

大多数父母在日常生活中都会遇到这样的情形：当要求孩子做某件事的时候，孩子口头上答应了，可是过了很久，也丝毫没有行动的意思。这时，父母出于疼爱孩子的心理，就干脆替孩子做完了。这样的纵容会使孩子养成懒散和说话不负责任的毛病。而正确的方法是跟孩子“较真儿”，告诉他既然他答应了，就要说到做到。这个日常生活中的细节，虽然看上去是小事，但如果家长不注意，就会养成孩子不守信用、不守时等不好的习惯。因此，家长不妨与孩子约法三章，给孩子一些必要的限制，培养孩子“言必信，行必果”的良好品行。

乖巧可爱的静雨在妈妈那里得了个“大嘴巴”的外号，原因就是静雨答应过妈妈的事情总是会忘记。原本说好的事情，一转身就不承认了，有时候搞得父母非常头疼。

马上要上初中了，妈妈想利用开学前的暑假把静雨的这个毛病给纠正过来。

于是，妈妈找静雨商量：“可不可以和妈妈做个约定？”

“什么约定？”静雨问。

妈妈告诉静雨：“我们列一个考核表，妈妈每天给你‘10 分’，你做得不规范或者做错一件事就要扣掉 1 分，如果帮妈妈做一件事就奖励 1 分。如果得分在 5 分以上，你就可以看 20 分钟动画片《螺丝钉》，如果超过 15 分，你就可以看半个小时。”

《螺丝钉》是静雨最近非常喜欢看的一个动画片。一听妈妈以此来作为约定中的“砝码”，静雨很爽快地就答应了。

约定从第二天开始正式实施。到了晚上，妈妈就指出了静雨的几处错误：第一，喝完水忘了盖杯子盖；第二，小便后忘了冲马桶；第三，衣服脱下后没有叠好，而是乱扔到衣柜里；第四，进门后忘了换拖鞋……还没等妈妈说完，静雨就叫了起来：“哎呀……怎么这么多，今天不算，明天再开始！”

妈妈告诉她：“今天就已经正式开始了，明天你只能看20分钟的动画片。”静雨不高兴地嘟起嘴，但没有说什么。

接下来的几天，静雨小心翼翼地做着每一件事。尽管也有扣分的时候，但一天比一天少了，得到的奖励则越来越多。

在这个例子中，静雨妈妈做得很不错，她为了让女儿认真对待自己说的每一句话，运用了“奖惩”制度，并且严格执行。这样，静雨就能从中感受到“制度”的威力：做不到，就认罚；做到了，就享有奖励。在妈妈的严格训练下，静雨不但懂得了遵守约定的重要性，而且做事情也越来越细心。

虽然我们说过对于孩子不能设置过多限制，以免影响他们个性的发展，但是在孩子成长的过程中，有些必要的限制父母还需严格监督。比如当发现孩子光说不做、没有行动力的时候，父母要及时指出，并讲明道理，不要因为孩子还小就纵容他的缺点，让孩子成为思想上的巨人，行动上的矮子。

家长在与孩子约法三章之后，如果孩子有不遵守的情形，惩罚一定要及时。因为孩子毕竟年幼，很多东西未必能始终记在心上。比如吃饭拖拉这件事，家长今天轻描淡写地说一次，明天孩子很可能就忘了，这就远不如兑现对孩子的惩罚更加有效。至于惩罚的内容家长可根据孩子的实际情况来制订。但需要注意的是，父母在制订惩罚内容时需遵守切实可行的原则。因为如果父母的话对孩子是个不切实际的“威胁”，这个威胁对孩子也就起不了什么警示作用。

立规矩的时候最好能把孩子不遵守规矩的后果明确告诉他。比如，孩子吃饭拖拖拉拉，家长就要告诉他：饭要在30分钟内吃完，否则端走。吃饭中途，可以提醒他一次，告诉他还有多长时间。家长还可以添加一些额外的条件，比如按时吃完，给点奖励；不按时吃完，取消今天看电视的时间等。

家长还需注意的是，跟孩子约法三章，一定要本着简单易懂的原则，让孩子容易遵守。小孩子的理解能力没有那么强，自我控制能力也不强，制订十分复杂的规则，非但不能够让他们遵守，还会让孩子心生不解，从而违背家长建立规则的初衷。家长在向孩子解释规则时，一定要简单扼要的讲清楚，而不是态度粗暴地命令孩子无条件执行。父母讲的道理也许孩子一时不能够完全领会，但是父母平和的语气和尊重他的态度，却会让他信任父母的判断，从而顺从父母的要求。有些实在复杂或者讲不明白的道理，应该心平气和地告诉孩子："这是这里的规定"或者"这是咱们家的规矩，所有的人都要遵守"，等等，让孩子明白所有的人都是要讲规则守规矩的。

此外，家长一定要做到以身作则，为孩子树立言行合一的榜样。大多数孩子都会存在一些小毛病，如果父母不多留意，那么很容易助长孩子养成不良习惯。父母正确的教育方式能给孩子不同的人生。我们不妨向前文中静雨的妈妈学习，利用日常生活中的一些行为，给孩子一些限制，并鼓励和监督孩子认真履行。这样一来，孩子既学会了有条理地做事，又会懂得规则的重要性，最终成长为一个诚实守信、说一不二的人。

玩具不准乱扔，要求孩子做事有规划有规矩

有位家长曾经这样跟朋友诉苦：自从她儿子学会爬以来，家里就再也没有整洁的时候了。虽然特意在家里给儿子设有专门的娱乐区，但他还是喜欢到处跑，玩具到处丢。夫妻俩以前总觉得儿子小，不懂事，每天跟在他后面捡玩具也没什么不妥。但是随着儿子一天天长大，已经能接受基本的道理时，夫妻俩试图教育孩子不要乱丢玩具或自己收拾玩具“残局”，孩子却一副置之不理的态度，这让他们很头疼。

想必这位家长的烦恼也是大多数家长的烦恼。不知道从什么时候开始，家里的沙发、床上、卧室、客厅，到处都是孩子的玩具、零食、书本等小物件。大多数父母对此会表现出或多或少的迁就，认为孩子年纪小，还不具备整洁意识。殊不知这种放任的态度会在不知不觉中助长孩子随性的习惯——他们在家里从来不用担心游戏结束以后没人收拾玩具，也从来都没有整理玩具的意识。对于性格和习惯正处于形成期的孩子来说，父母的教养不当极易使孩子养成影响终身的陋习。

关于孩子的房间容易乱，曾经有一位开玩具店的朋友给出过一个观点——很多时候是因为玩具太多。试想，玩具多得不但装满了孩子卧室的抽屉，地板上还有几大塑料筐。孩子玩都玩不过来，还有精力和能力去收拾吗？不可否认，玩具可以激发孩子的想象力和创造力。可是玩具对于孩子的意义来说并不在于其数量多少，而是玩具能够给孩子带来哪些改变。一个拥有懒散、无序生活习惯的孩子，其父母如果不对其加以引导和指正，那么长大后很可能会成为一个生活能力低下，且毫无规

则意识的人。

面对孩子乱扔玩具的行为时，很多父母会表现出生气和无奈，但却不知道该如何去引导。家长不妨试着从孩子的角度去看待这个问题。比如孩子总是把玩具当成是有生命的，跟它们说话带它们游戏。我们就可以这样问孩子：“想不想让你的玩具有房子住？”孩子可能没这么想过，但家长这么一问，往往会积极响应。家长可以借此机会给孩子准备一个大的整理箱，然后将所有的玩具一起安置在箱子里。这以后，告诉孩子玩具房子就归他掌管，想玩玩具的时候自己拿，不想玩的时候就把玩具送回“房子”。这样做不仅仅让孩子学会了整理玩具，而且还可以让他们在对玩具的管理过程中建立责任感，明白做事情要有规划、有规矩的道理。

家长们需要注意的是，要想让孩子能够学会管理和约束自己的生活，家长也需要多思考、多找一些方法帮助孩子适应。比如孩子在不想收拾玩具的时候，家长可以试着与孩子共同协作，比如对孩子说：“我把拼图整理好，然后你去把它放在桌上。”每人分担一部分。或者在给孩子准备玩具和整理箱子的过程中，教会孩子把不同玩具放在不同地方，避免把所有玩具都放在一个大箱子中。因为那样的话有可能会让孩子养成杂乱无章地堆放物品的习惯，而且找不到玩具时的挫折感也会大大降低孩子的积极性。

此外，在日常生活中，家长不妨多和孩子讲讲规则的用处，让孩子知道规则无处不在。比如，人们要遵守交通规则、游戏规则、竞赛规则等。同时还可以反问孩子，如果不遵守规则会引发什么后果？当孩子说出违规的后果时，说明他已经能够意识到执行规则的重要性了。

孩子稍大一些后，父母不妨和孩子一起商量制订家庭规则，以便共同遵守。例如，进别人房间前要先敲门；下棋玩游戏要按规则决定胜负；说错话或做错事时要礼貌道歉；看电视时不干扰别人……即使父母违规也要自觉受罚，让孩子懂得规则的严肃性。

在教育孩子的过程中，父母要时刻关注孩子自律能力的培养。对于孩子能够自己管好的事，父母可以多教一些方法，多尊重孩子的意愿，多赏识孩子的成绩。慢慢地，孩子就懂得如何对自己的事情负责，从而自然而然地就能有规划有规矩地做事了。

我们常说“没有规矩不成方圆”，在给孩子树立规矩的过程中，有的家长认为给孩子太多束缚，管得太严，孩子会感受不到疼爱；有的家长则担心管得太少，孩子没有规则意识，反而放纵了孩子。其实规矩和自由并不矛盾，当规矩与我们的爱是统一的时候，才能成就孩子的未来。

爱玩是孩子的天性，家长应该正确疏导

对于很多年轻的家长来说，孩童时期也有着让自己迷恋的游戏，比如跟伙伴们一起追逐打闹，推推铁环，砸砸杏核，扔扔纸飞机等。时至今日，科技迅速发展，无论是人们的物质生活还是精神生活都大大丰富起来，很多孩子小小年纪就已经成了电脑高手，有些孩子的电脑知识甚至比爸爸妈妈还要丰富。这样的巨变从知识进步的角度来说是令人欣慰的，毕竟信息技术的发展可以让孩子更早、更方便地学到知识，但同时也带来了另一个问题——沉迷于网络游戏之中。

如今，随着电脑及智能手机功能的日益强大，花样越来越多的电脑游戏、手机游戏，已成为广大青少年儿童最欢迎的娱乐项目之一。想必现在的家长们都对这样的现象深有感触——自己家的孩子总是沉迷于电脑或者手机游戏中无法自拔。提醒孩子无数回，孩子总是左耳朵进右耳朵出，完全不把父母说的话放在心里。

曾经有位同事讲起自家的孩子，小学三年级起就沉迷于电脑游戏无法自拔。但当时这位同事并未在意。结果，原本小学成绩很好的孩子，到了初中一年级时学习成绩竟然下滑到了班级垫底的地步。

这位同事很是无奈，就跟家人一起商量如何避免孩子进一步沉迷于电脑游戏。最终他们想到了一个方法，让孩子学习一样乐器，让他的兴趣转移。他们很快在少年宫给孩子报了一个钢琴初级班，让孩子开始学弹钢琴。后来这个孩子的钢琴演奏水平进步很快，也越来越喜欢弹钢琴。只用了三年半的时间，他就拿到了钢琴考级证书。同事很是欣慰。孩子有了正当的爱好，不再沉溺于电脑游戏就已经很成功了，还学会了一样才艺，这是多么让人开心的一件事啊！

之所以提到这个例子，是因为如今很多家长都面临着同样的难题——孩子沉迷于电脑和智能手机游戏无法自拔。这位家长的思路和做法非常好，帮孩子培养了新的兴趣爱好。这样一来，孩子原本放在游戏里的专注力，就会慢慢地转移到新的爱好上。当一个人有了正当的业余爱好后，他有不良爱好的可能性就会变小。家长应努力去寻找一些更能带给孩子快乐的活动，培养孩子形成自己的业余爱好，把孩子从电脑和手机前“拉”回来，这才是正确的做法。

当然，在培养爱好的同时，家长也要重视培养孩子的自我约束力。人类从幼年到成年是一个漫长的过程。在这个过程中，如果一个孩子缺乏明辨是非的能力和道德观念，无法对自己的言行进行适当地约束，任性放纵，想干什么就干什么，就会导致孩子的人格出现偏离，从而影响他的健康成长。

孩子的自我控制能力并非生来就有，它是孩子在后天的环境中，随着认知的发展和教育的影响而不断形成和发展起来的。家长为孩子营造温馨愉悦的家庭气氛，让孩子拥有一个健康的成长环境，才是其养成良好性格、行为习惯的基础保证。

严格督促理性引导，让散漫的孩子学会自我管理

汤冬的爸爸最近很是烦恼，因为他接到儿子汤冬班主任老师打来的电话，老师在电话中对汤冬的表现很不满意——汤冬上课时总是爱跟旁边的同学说话，不专心听讲、把凳子弄出声响，甚至往其他同学的身上贴带有侮辱性字眼的纸条……虽然汤冬的成绩还算不错，但是这种既影响自己又影响他人的坏习惯，让老师很生气，也让汤冬的爸爸很是苦恼。毕竟孩子已经到了该学会管理自己的年龄，什么事情该做，什么事情不该做他心里是很清楚的，只是在自我管理这方面做得太差。如果孩子任由自己散漫下去，无疑会对他的性格形成产生很大的影响。汤冬爸爸觉得这并不是一件小事，需要尽快去解决。

汤冬爸爸的体会相信不少家长也会有。孩子散漫的性格会造成非常严重的后果，轻则是对他人和自身产生不良影响，如形成散漫、毫无纪律性的习惯；重则可能会危及自己和他人的生命安全。这不是危言耸听，而是真实存在的问题。曾经有新闻报道某处海峡翻了一艘客船，死了几十个人。记者通过调查后发现，那艘客船从事故发生到沉没，期间有三分多钟的间隔时间。而一个人正常取用穿戴救生衣，用时仅需两分钟。也就是说，发生意外时，大家是完全可以按照正常方式逃生的。那么，是什么原因造成了如此大的悲剧呢？原来，那艘船上的工作人员一贯比较散漫，平时疏于向乘客讲解船上的救生常识。甚至因为航程短，船上连必需的救生衣都没带足……种种因素综合到一起，导致事故发生后，几十个原本能够逃生的乘客，最终命殒大海。

我们必须要让孩子明白，习惯是会跟着一个人一辈子的。一个人一旦养成了散漫的坏习惯，今后无论做任何事，都会受到这个坏习惯的影响。明白了这一点，孩子就会知道，散漫对于一个人的影响有多坏，而自我管理和坚强的意志对于一个人的成长帮助有多大。

曾经有一位母亲，她每天接送孩子时都要经过一条铺着黑色地板砖的小路。她的儿子很喜欢为班级写板报，常常会剩下一些彩色粉笔。每天放学经过这条铺着黑色地板砖的小路时，他都想拿剩下的彩色粉笔在地砖上写写字。可小路是公共场合，是不允许乱写乱画的。母亲每次都会认真教育她的儿子，让他约束好自己。

有一天，这位母亲故意晚了一些来接儿子。她悄悄藏在小路旁边的一棵大树后，想考验一下儿子一个人路过小路时的表现。结果她的儿子即使没有妈妈陪在身边，在经过此地时也并没有在地砖上写字。因为母亲平时对他的言传身教已经使他树立了正确的是非观。

曾经有一位教育学家说过：“父母是孩子人生的第一任老师，他们的每一句话、每一个举动、每一个眼神，甚至看不见的精神世界，都会给孩子潜移默化的影响。”在孩子面前，家长的表率力量不可忽视，如果我们想要让孩子摆脱散漫的习惯，家长就应该具有良好的约束自己言行的能力。培养孩子的自我约束能力必须持之以恒，唯有经过日久天长的行为约束，方能使孩子在被动的受制约过程中逐渐养成主动的对自我行为的约束。

当然也要注意教育的方法，很多家长热衷于“霸权式”教育方式，严格约束孩子什么事情可以做、什么事情不可以做，却不会给孩子讲述为什么要那样做。这种教育方式让许多孩子只懂得被动地接受管束，却缺乏自我约束的意识，一旦脱离了家长的管理，就会出现种种问题。

随着孩子年龄的增长、能力的提高，以及活动范围的扩大，自我约束的能力变得越来越重要。比如孩子在假期里拥有了很多无人监管的空余时间，这段时间最考验孩子的自我约束能力。孩子如果没有一定的自我约束能力，很容易出现各种问题。假期不仅是孩子放松的时候，更是让孩子学习自我约束的好时机。古人云“君子慎独”，自我约束对于成人尚且是个考验，对孩子来说就更不容易。

如今许多孩子都是独生子女，这些孩子的通病是生活、学习独立性差，缺乏自我管理能力，很容易给人留下散漫的印象，这都是孩子在从小到大的学习生活中父母一味包办的结果。对于孩子来说，如果生活中的一切都要由父母来安排、来料理，最终的结果只会是——只要父母一放松管理，没人督促，孩子就会毫无章法，胡作非为。因此，家长们不要觉得孩子年纪小就不去严格要求，而是要从小给孩子灌输正确的价值观念。

通常来说，摆脱散漫要具备两个条件：价值观的建立和自制能力的建立。价值观是一个人赞同和认可的社会规范和道德准则，并以此约束自己。自制能力则是通过有意识地多接触游戏规则、交通规则等各种规则，从而让一个人明白该如何去约束自己的行为。

要让孩子明白这些道理，家长们还要从日常生活的小事情做起。父母教育孩子必须抓住每一个小环节，告诉孩子什么是对的，什么是错的。孩子的心灵是脆弱和敏感的，不要觉得他们是小孩，什么也不懂。日常生活中的每一个细节，对孩子的成长来说，可能都是大事。从小事做起，长期坚持，从根本上触动孩子的思想，才能帮助他们养成正确的习惯。

大胆放手，在生活中锻炼孩子的坚强意志力

著名作家狄更斯说过：“顽强的毅力可以征服世界上任何一座高峰。”的确，只有那些勤奋刻苦、持之以恒、拥有强大意志力的人才会获得最后的成功。家长想要培养优秀的孩子，首要前提就是要去培养孩子的坚强意志力以及面对挫折失败时的抗压能力。

很多家长小时候都玩过“老鹰捉小鸡”的游戏，一旦没有“老母鸡”的庇护，“小鸡”们就会惊慌失措，最后全部被“老鹰”捉走。在生活中，家长们一定不要用母鸡对待小鸡的态度对待孩子，总让他们像小鸡一样躲在自己的翅膀之下。这样做不仅无法培养孩子的坚强意志，而且一旦失去庇护，孩子就会变得柔弱无比，无法抵御来自外界的伤害。

在第一次世界大战的时候，居里夫人为了培养孩子的坚强性格，将大女儿带到了战争前线救护伤员，让她在艰苦的环境中进行历练。1918 年，她再一次将两个女儿留在了正在遭受德军炮轰的巴黎，并告诉孩子们，敌军轰炸的时候不要躲在地窖里发抖，而是勇于寻找逃生的方法。这种态度让孩子们始终将自己当作强者，并练就了坚强的意志。这对孩子的一生起到了巨大作用，她们果真没有令母亲失望，都拥有了很好的未来。

在现实生活中，我们无须像居里夫人的教子方式一样去培养我们的孩子，但必须有意识地去培养孩子的意志力。

一位母亲为了锻炼儿子的坚强意志，准备教他学习骑三轮滑板车。刚开始

的时候，儿子怎么也骑不好，必须由妈妈推着才能顺利前进。后来妈妈将他带到有小朋友骑三轮滑板车的场地，先让他观察别人是如何骑车的，然后让孩子自行开始尝试骑车。

孩子站在三轮滑板车上，怎么也踩不动，急得直叫："妈妈，帮我推一下！"妈妈却说："你总让我推你，什么时候也骑不动，自己学着别的小朋友那样，两脚有节奏地分开合拢，一定可以的！加油！"没办法，儿子只好照着这个方法努力往前踩，结果三轮滑板车果真动了起来。但因为方向掌握得不对，车子一下倒了，摔在地上的孩子疼得大哭。妈妈心疼得想马上冲过去抱住他，却还是忍住了，狠狠心，站在一旁对他说："男子汉是不能哭的，你已经快学会了，快站起来，继续练习吧！"就这样，孩子不仅学会了骑三轮滑板车，而且还锻炼了坚强的意志。

拥有坚强的意志是生命中十分重要的特质，一个意志力较强的孩子，通常能克服学习生活中遇到的困难和挫折，从而坚定地实现自己的目标和梦想。

然而现实生活中，有很多孩子在父母的百般呵护下，丧失了坚强的品格，往往表现出胆怯懦弱的特点，在遇到麻烦和困难的时候，无法依靠自己的意志力来坚持克服挫折，这对于孩子的成长十分不利。

一个人若想成功，不仅需要持之以恒的努力，还需要坚持不懈、不达目的誓不罢休的强大意志力。克服一点儿困难对任何人来说也许并不难，难的是能够始终如一地坚持下去，克服重重困境，直到最后的成功。

作家刘墉曾写过一本书叫《超越自己》，书中主要阐述的观点就是——人最难超越的是自己，也就是说，人最大的敌人就是自己。为了培养孩子不被困难击倒的精神，我们就要让孩子学会和自己作对，不断地超越自己。在一次又一次的磨炼中，孩子的意志力便会逐渐增强。作为家长必须要明白，家庭教育的一个重要任务就是培养孩子的坚强意志，让孩子能够不怕挫折，不怕困难，并怀着一颗积极、自信的心去战胜挫折，跨越困境。只有这样，孩子才能健康地成长，顺利地发展，并在克服各种各样的困难之后，取得事业和人生的成功。

蹲下来，用平等的角度与孩子进行约定

孩子幼小的心灵，好比一张白纸，不同的家庭教育可以画出不同的图画，塑造出不同品性的孩子。自古以来，没有教不好的孩子，只有会教和不会教的父母。父母不仅是孩子的第一任老师，也是孩子走向社会化的第一个引导者。

令人欣慰的是，现如今已经有越来越多的父母意识到这一点，在对孩子的教育方面也有了足够的重视。然而，不无遗憾的是，有些父母却以“严是爱，松是害”为幌子，将对孩子的教育当成命令，误以为要对孩子进行教育，就必须要板起脸孔，处处严格要求，让他事事听从自己的安排。殊不知，这样做的结果，只能是适得其反，让孩子变得逆反或者唯命是从、缺乏主见。

不过，生活中也有一些家长明白和孩子共同成长的道理，他们与孩子一起成长，一起学习，却将陪同孩子错误地理解为“贴身陪护”。他们无微不至地关照孩子，对孩子遇到的所有问题进行指导；站在成人的立场上，用成人的思维方式去为孩子指点迷津，不给孩子自己思考的余地和机会；孩子稍有不对就严厉批评，进而逐渐演变为“监工”的角色，让孩子不胜反感。

法国思想家卢梭说过：“为了使一个孩子能够成为明智的人，必须培养他有自己的想法，而不能要他采取我们的看法。”有的家长觉得既然如此，倒不如放任孩子自己发展。然而当孩子在某些事情上出现错误或困难的时候，如果父母不去及时纠正和引导，那么孩子很有可能因此而误入歧途。

那么，在日常对孩子的教育过程中，家长们正确的做法应该是怎样的呢？

首先，作为家长，和孩子讲话的时候，请蹲下来。

一位教育专家说过：“教育最有效的方法是平等的沟通。”现实生活中，很多父母总是喜欢用说教的方法和说教者的身份来面对孩子，而这样的教育非但无法取得应有的效果，还会引起孩子的逆反心理。之所以出现这种情况，很大程度上是因为在孩子眼中，家长不过是一个不懂得体谅自己，不理解自己的严厉管教者，这让孩子觉得自己没有得到应有的尊重。

其实，作为成长中的孩子来说，最渴望得到的并不仅仅是好吃好玩的，还有来自父母的理解、尊重，以及平等的态度。一个始终仰视父母的孩子，本身就会感觉自己低人一等。只有当家长蹲下来和孩子平等地交流时，才有可能让孩子敞开心扉。

其次，家长们不妨忘掉“家长”身份，和孩子共同成长。

随着孩子的不断成长，家长将很难满足其对更多知识的渴求。培养、教育孩子，首先要提高家长自己的素质，这决定着对子女教育的成败。家长只有不断提高自身知识、品格修养，用正确的人生观、价值观引导孩子，以实际行动潜移默化地影响孩子，才会让健康向上的教育理念渗透进孩子的心灵。

最后，在教育孩子的同时家长们要不断学习、不断充实自我。

无论在生活还是学习中，对于孩子提出的各种问题，家长都要尽量给予回答。即使当时不懂，父母也不要随口敷衍孩子或碍于面子而打击孩子的积极性，可以通过和孩子一起借助电脑、媒体资料，或请教他人等方法进行解决。

一个有心的家长，不仅要做好陪伴工作，还要做好孩子的向导。只有如此，孩子才会对你产生崇拜，和你越走越近，并将你当作生活和学习中的良师益友。

任何一个孩子都具有无限潜能，但这些潜能都需要家长来辅助发掘。家长应该明白，只有与孩子平等交流，尊重孩子、了解孩子，才能与孩子建立和谐的亲子关系，从而与孩子共同快乐地成长。

PART 10

引导孩子在学习的苦海中“越挫越勇”

孩子不爱学习是众多家长的心头之患，

家长们恨不得找一种灵丹妙药给孩子吃上。

大多数孩子都会产生厌学情绪，

父母可以理解但却不能放任自流。

然而强制孩子学习也不是好办法，

这只会加深孩子的反感。

聪明的父母会引导孩子的学习兴趣，

让孩子在学习的苦海中‘越挫越勇’。

家长“陪读”，孩子很容易产生依赖心理

曾经在报纸上看到这样一篇报道：在某个高教园区大学城里，有足足数百名“陪读父母”租住在那里。他们有的是因为子女缺乏独立生活的能力、有的是担心子女在学校谈恋爱、玩游戏而耽误学业……无论出于什么目的，这种过分照顾的爱都是不值得提倡的。

实际上，“陪读”现象在如今十分普遍，从幼儿园到小学、中学，“陪读”都不是个别的现象。根据相关研究机构的调查统计结果来看，有百分之三四十的家庭存在父母陪读的现象。陪读现象一方面反映出了家长普遍“望子成龙”的心态和对孩子学习的重视；另一方面也反映出了很多家长对于教育孩子认识上的局限性，认为孩子只要学习好，其他什么都不用管。

教育专家们积极呼吁家长们不要如此陪读，因为陪读本身对于孩子的成长是极为不利的，会让他们产生严重的依赖心理，失去独立生活的锻炼机会，甚至无法具备应有的独立精神、独立思想。

赵子萱的妈妈不仅自己省吃俭用、节衣缩食，在平时女儿学习的过程中还恨不得每分每秒都陪着她。为了让女儿学习好，她巴不得替女儿做完所有学习之外的事情，不让女儿受一点点委屈，吃一点点苦。

赵子萱高中毕业以后，妈妈拿出自己辛辛苦苦攒下来的30万元钱，把女儿送到国外一所知名的大学去学习。把赵子萱送走半个月后，有一天下班回到家里，妈妈惊奇地发现，宝贝女儿居然正坐在家里看电视。她惊讶得下巴都快掉了下来了，

忙问女儿是怎么回事。

原来，赵子萱刚到国外，首先遇到的就是“语言不通”这一障碍，她的英语成绩虽然不错，但是口语水平就不敢恭维了，完全无法达到与当地学生“无障碍交流”的地步。再加上她原来在家的时候除了学习什么也不操心，心安理得地享受着妈妈对她的“全方位”照顾。所以当她离开妈妈后，生活变得一团糟。由于沟通障碍，她根本找不到一个可以求助的对象，到校十几天过去了连一个朋友都没有。在宿舍遇到一点小事，她就手足无措，只能打电话找妈妈哭诉。最后，她终于忍受不了了，就买了张机票跑回家了……

看着自己“成绩优异”的女儿竟然无法适应独自求学的生活，赵子萱的妈妈欲哭无泪。自己辛辛苦苦“陪读”这么多年，以为自己终于“修成正果”给女儿创立了一片光明未来，没想到却换来了这样的结局。到这个时候，她才明白，正是自己无节制包办的爱，才让孩子变得如此无能，遇到问题没有办法自己解决，只会退缩回来求助。“如果让我重来，我一定不会再无底线地陪读了，一定多培养孩子的独立能力。”她后悔地对朋友说。

对于那些“望子成龙”心切、对子女过分溺爱、什么也不肯放手的家长来说，他们的陪读其实是对子女求学过程的过度参与，在弱化了孩子独立能力的同时，对孩子的心理健康乃至整个成长都将产生负面的影响。有些被“陪”的孩子并不因此而感激父母，也体会不到父母的辛劳和良苦用心，反而显得很无奈，觉得学习变成了一件在监督之下必须完成的任务，完全体会不到学习过程中的乐趣。

要知道，独立生活的能力是一个人生存和发展的最基本能力，这种能力并非天生的，而是需要从小加以培养才能形成的。作为父母，要想让孩子成长为一个坚强有主见的人，就得有意识地培养孩子独立生活的能力，让孩子放弃依赖父母的思想，这样才能更好地适应社会。孩子只有从小学会独立思考，才会更具有创造力，长大后才能够更好地掌握自己的命运。而作为父母，最重要的就是要培养孩子的独立能力，让孩子学会独立思考，规划自己的人生，为自己的人生绘制出美好的蓝图，而不是无节制的干涉孩子的学习和生活，让孩子成为一个学习的机器，除了学习以外其他什么生活技能都没有。

因此，家长必须改变为孩子包办的态度，不管是在生活中，还是在学习上，凡是应该孩子自己做的，家长就不要越俎代庖。家长应该坚持这样的原则：你能干的，我绝不替你干；你不会干的，我教你干；你让我干的，我要考虑该不该干。

对于孩子的成长来说，家长的包办代替是他们形成软弱性格的重要原因之一。一些家长对孩子百依百顺，不让孩子做任何事情。舒适、平静、安逸的生活剥夺了孩子表现自我能力的机会；衣来伸手、饭来张口的生活方式，导致了孩子独立生活能力的匮乏。因此，要培养孩子成为强者，父母首先要鼓励孩子做力所能及的事情，学会生活。

让孩子学会独自承担责任，别为他们包揽太多，这是孩子从父母羽翼之下慢慢走向独立成长的重要一步。

拒绝生搬硬套，找到最适合孩子的学习方法

经常会有家长在各种社交媒体搜索询问那些成绩优秀的孩子是怎么学习的，想要借鉴他人的学习方法然后套用在自己孩子身上。然而，每个孩子的成才之路都各有不同，要孩子选择哪种学习方式，应该根据适不适合他们来决定。

佳佳的英语成绩很不好，但是从六年级开始，她的英语成绩突飞猛进直线上升，连英语老师都颇感意外。老师后来通过与家长沟通了解了其中的原委。原来佳佳的爸爸发现佳佳到了高年级之后，对于英语的学习很是吃力，一开始也很苦恼。后来，在请教了教育专家后，佳佳爸爸到书店买来了一些生动有趣的英文故事书。每天晚上他都会挑选一篇细细地讲给女儿听，每次佳佳都听得很入迷。

过了一段时间，爸爸激励佳佳说："如果你学好了英语，你就可以自己读这些故事了，那样理解起来也会更加有趣。"再后来爸爸干脆不给她讲了，只是告诉她："这些英文故事书里的故事非常有趣，只是爸爸没时间给你讲，你能不能自己尝试着去读呢？"听了爸爸的话，佳佳产生了好好学习英语的想法，她让爸爸教自己认识单词、记英语句子。就这样，在爸爸的帮助下，佳佳的英语成绩越来越好了。

其实佳佳爸爸所用的诀窍就是根据孩子的特点和爱好，找到最适合自己孩子的学习方法。因此，要想让孩子拥有骄人的好成绩，就应当让孩子用他们喜欢的方式去学习，针对每一个孩子的具体情况去寻找适合他的学习方式。这样一来，孩子不仅可以怀着愉快的心情、浓厚的兴趣去学习，而且学习效率也会大大提高。

在体育竞技方面，很多成功的运动员并不一定按照规范的"正确步骤"去训练，

而是依据教练制订的最适合他的方式去锻炼，最终获得了冠军。孩子的学习也是同样道理。如果孩子只知道循规蹈矩、按部就班地照着那些所谓的“最好的”学习法去学习，反而会导致孩子的学习效率低下。

每个孩子的情况不同，所以他们才会对同一种学习方式有不同的反应。家长要学会根据孩子的情况找到适合孩子的学习方式，扬长避短，提高孩子的学习效率。比如活泼好动的孩子，精力比较旺盛，情绪波动比较快，常常难以坚持长时间的学习。因此，要给他安排独立学习的时间，以免受到周围环境影响而三心二意，同时最好将每次的学习时间控制在 1 小时内，然后休息 5~10 分钟。

还有一些具有竞争意识的孩子，无论做什么事都喜欢和别人在一起。这样的孩子独自一人学习时效率往往不高。针对这种孩子的特点，家长不妨给孩子找几个学习伙伴，一起互帮互学，开展竞赛，通过这种形式来促进孩子学习的积极性，提高学习效率。

视觉、听觉和动觉是孩子获得学习信息的主要通道。对于那些不同感官偏好的孩子而言，这三种方式传递出的效果有着明显的差异——

有的孩子有视觉偏好，他们阅读时效果好，而听写和听讲时候效果不好。家长可以建议孩子选择适合的阅读方式来学习，比如在平时多看课本、各种习题集和题解，或者买一些名师教学视频等，以此来提高学习效果。

有的孩子有听觉偏好，适合听觉通道，他们听课的效果比较好，而阅读的时候则半天不知所云。家长可以建议孩子选择多听，通过耳朵来学习，如在课堂上认真听讲、买学习机等辅助工具来帮助孩子学习。

还有的孩子属于动觉偏好，他们在抄写或者动手实验的时候效果更好，而在阅读和听讲的时候没有优势。家长可以建议孩子在阅读的时候多动手，画出重点，标出问题，在听课时记笔记，复习时多归纳整理，还有多做习题和实验等，对学习都是非常有帮助的。

通常来说，随着年龄的增长，孩子心智发育到了一定水平，都会有一个属于自己的世界，有一种渴望扩充自我、渴望成长的愿望。作为家长，要注意发现孩子关心、喜欢的事物，并鼓励孩子去收集这些东西。只要坚持下去，孩子的视野就会不断扩展，知识面就会不断得到丰富。渐渐地，孩子学习的兴趣就能比较容易地激发出来了。

总之，作为家长，应该细心留意孩子的学习情况，根据每个孩子的不同情况提出自己的意见供孩子参考，并详细讲明自己的理由，帮助孩子更好地认识自己。一旦孩子找到适合自己的学习方式并运用它时，就会很享受学习的过程，学习将变得非常轻松，学习效率也会随之提高。

但家长需要注意的是，在孩子运用学习方式的过程中，家长应该对孩子报以鼓励和建议，这样才能让孩子根据自己的实际情况，随时主动地寻找最有效的学习方式去克服困难，从而取得最大的成功。当原有的学习方式不适合新的学习内容时，家长可以和孩子共同讨论，是否存在可以改进的地方，或者陪孩子一起探索，共同寻找更好的学习方式，以便让孩子更加高效地学习。

错误的学习方法害人不浅，调整情绪让孩子爱上学习

很多家长都有这样的体会：到了高一点的年级之后，由于课程难度增加，孩子在某一门课程上会显得学习特别吃力。有些家长把出现这一现象的原因归结于孩子“笨”，或者孩子不擅长某门课程，这其实是一个很大的误区。没有孩子天生不擅长某门课程，很多时候，孩子某些课程学不好，不是因为“笨”，而是因为学习方法不对。用错误的方法去学习，不但学不好，而且孩子也很难爱上学习。

芳芳是一名初中三年级的学生，性格安静，不爱玩闹。在老师的印象中和家长眼里，她都是很乖的孩子。但是，芳芳在学习上的表现就不尽人意了。每次考试，她的语文和英语成绩都在 80 分以上，而数学成绩却始终在及格线附近徘徊。为此，老师曾经多次和芳芳以及她的家长进行过沟通，试图找到她数学成绩不好的原因，结果发现芳芳对于数学这门学科有着很明显的抵触情绪。据家长反映，芳芳在家里也多次表达过不喜欢学数学、数学课没有意思而且又太难的想法。家长为此也非常苦恼和无奈。

对于孩子，尤其是对于正处于初中学习阶段的学生来说，像芳芳一样讨厌甚至惧怕某门课程的做法是非常不妥当的行为，因为各门学科有各自的知识内容和知识特点。如果孩子特别讨厌某一门课程，就会在知识上产生缺陷和不足。比如，如果一个孩子不喜欢学语文，认识的字词少，就会影响到其阅读能力和写作能力的发展。

同时，从深层次来说，这种情况还会影响其他学科的学习。比如，当一个孩子不喜欢数学，运算逻辑能力差时，还会影响到其化学与物理等课程的学习，这对于

孩子的学习是极为不利的。

因此，当家长发现孩子不喜欢学习某学科，或者对某门课程产生抵触情绪时，一定要及时地、正确地看待这件事，通过与孩子的坦诚沟通寻找到孩子抵触某门学科的诱因，而不是错误地认为，是孩子“笨”，天生不擅长某门课程。

孩子可能会根据自己的兴趣爱好、个人智力原有的发展水平、对课任老师的喜爱程度而喜欢或者厌恶某门功课的学习，时间长了，就容易出现偏科的现象。由于每个孩子出现这个情况的原因都不同，因此，家长在对待这一问题上应具体问题具体分析，具体应对。

那么，家长要如何去改变孩子对于某门功课的抵触甚至厌恶情绪呢？我们不妨看看下面这位家长的做法。

从小学阶段开始，张强就不喜欢数学课，成绩总是在及格线附近徘徊。升入初中以后，数学难度增加，更是让他对于数学的学习敬而远之。甚至每天做数学作业时，都是一副战战兢兢的状态。初一的整个上学期，他的作业本上从未被数学老师打过对号。一看到满本的错题，他的抵触心理就变得越来越严重，更加讨厌数学课了。

张强的妈妈见此情形，连忙找到张强的数学老师，和老师商量了一个对策，用以“挽救”对数学课越来越没信心的张强。没想到效果很显著，张强竟然渐渐地喜欢上了数学课。

原来，在老师的建议下，下学期开学之后，数学老师会单独给张强布置作业，留的作业是上一学期就已经学过的，相对容易的习题。一开始，虽然张强没有全部做对，但也做对了一半多，本子上出现了好几个对号。他为此激动得几个晚上都没睡好觉。

后来，随着作业本上的对号越来越多，张强竟爱上了数学。他说：“我一想起来那次我会做一半多的数学题，就特别高兴。我知道我并不比别人笨。别人能做到的事情，我经过努力也能办到。”到了下学期期末考试的时候，张强的数学成绩已经是中上等水平了。

孩子学习的过程就如同登山一样，如果开始走得很顺利、很轻松，回头俯瞰自己已经走过的路程，就会不由得产生一种“我真不简单，能登这么高”的自豪感，进而体力陡增，一鼓作气登上山顶。相反，如果开始走得很曲折，很艰辛。人爬到半山腰时就感到极度疲劳，望着还很遥远的山顶就会产生“我根本就爬不到山顶”的念头。

孩子在家做作业时，有的家长习惯让孩子先做比较难的，而把孩子认为会做的、简单的问题放在后面做。殊不知，这样一开始就给孩子一种挫败感，孩子又怎么会喜欢学习呢?

因此，家长不妨引导孩子转变一下学习方法，比如在家学习时让孩子把喜欢和擅长的科目放在前边，把不喜欢和学习起来比较吃力的科目放在后边。最初的习题会让孩子一开始就体验到“自己会做”的成就感，从而激发积极情绪。如此一来，对于不喜欢的或学习比较困难的科目也就不会再有厌烦的感觉，而愿意继续做下去。

俗话说，“良好的开始是成功的一半”。一开始进行得比较愉快，就找到了信心，那么后面也会很顺利。反之，如果最初受到阻碍，之后要想再走上正轨就要大费周折。作为家长，除了关心学习成绩和分数之外，还应该细心留意孩子的学习情绪。具体到孩子对某一学科的好恶家长都要看在眼里、放在心里，这样才能引导孩子找到最适合他的学习方法，从而提升他的学习效率。

教孩子制订学习时间表，严格监督执行情况

如今的孩子学习负担都比较重，随着年级越来越高，很多家长都发现：孩子的作业越来越多了，学习压力也越来越大。虽然随着年龄的增长，孩子已经能够充分认识到学习的意义和重要性，也能自主地去适应学习上的压力。但是也会有不少孩子在这一调整过程中陷入忙乱的状态，总觉得学习任务太多，而时间太少，一天到晚都有种慌慌张张的感觉。时间久了，孩子对于学习的乐趣难免会渐渐被消磨掉。那么，我们应该如何去改善孩子出现的这种不良状况呢？

其实，大部分孩子的学习态度都是很认真的，但是大多缺乏一点儿规划性。比如每天回家做功课时该如何安排时间，以及每一门课程按照什么样的步骤去学习，大部分孩子都没有明确的思路。假如每天孩子的课程学习安排乱作一团，一会儿学这个一会儿看那个，学习桌上堆满了乱七八糟的书本、作业本，很难想象孩子能在这样的状况下保持一个清晰的思路。作为家长，一定要引导孩子在学习中学会制订时间表，学会制订学习计划，因为这项技能不仅能够改善孩子学习过程中总觉得时间不够用的状况，而且还会大大提升他的学习效率。

在日常生活中，家长不妨先从孩子学习时书桌太乱的问题入手。孩子可能会辩解说因为现在的课程实在太多，学习任务实在太重，以至于根本没有心思去整理书桌。但表象之下的本质其实是——乱糟糟的书桌代表着潜意识中孩子对于学习时间安排的混乱。整理书桌的目的其实是整理思路，思路清晰了，学习效率自然就会提升。家长针对这一现象，可以对孩子的学习方法提出指导。比如孩子每天晚上回来

都要完成各种作业，让孩子在开始之前先大致将各科作业进行分类，然后再按部就班地去完成。到时间完成之后，经过短暂的休息，然后拿下一门课程出来学习。这样孩子的脑子也会变得像书桌一样井井有条，思路会更加清晰，学习效率一定也会提高不少。

而制订时间表并不局限于学习过程中，在日常生活中制订时间表同样也很重要。对于渐渐长大的孩子来说，时间已经不是一个模糊、抽象的概念了。他们已经能够从繁重的学习任务中体会到时间的紧迫性和重要性。但是在具体的时间安排上，还需要家长教会他们安排自我时间，大大提升时间利用率，以避免自己的学习陷入懒散和无序的状态。

具体来说，家长们首先可以教孩子为最基本的生活作息制订一张作息时间表，坚持让孩子养成有规律的作息习惯。只有把作息时间固定下来，形成习惯，孩子才能对时间有一个明确的认识，才能养成良好的时间观念。对于孩子来说，合理安排好自己的作息时间，就可以保证自己有足够的精力去学习，从而有效地提高学习的效率，这对于孩子的成长是十分有益的。

此外，家长要通过日常督促和监督让孩子明白，学会制订时间表不仅是为了让孩子的学习过程变得井井有条，同时也是培养他们时间观念的重要途径。当然，不仅制订时间表的目标要明确，按计划落实也是格外重要的。通过长期的坚持形成习惯，才能让时间管理真正地融入孩子的学习和生活之中，从而更好地学习和生活。

让孩子尝到拖延学习的后果，他才能够长记性

大多数人会乐于享受安逸慵懒的生活方式，孩子也是如此。你会发现，不知从何时起，孩子变得越来越喜欢赖床，越来越喜欢慢吞吞地吃饭，晃悠悠地走路。长时间下去，孩子的很多光阴就被耗费掉了。举手即可完成的事情，却总是拖着不办；明明一个小时可以写完的作业，总要拖到两个小时以上……

大多数孩子的“拖延症”，最明显的表现就是不能按时完成作业，或者干脆不写作业，原因之一是孩子缺少时间观念。从这个角度出发，避免孩子感染“拖延症”的最好办法，莫过于在孩子开始正式学习之前提前为其渗透和加强时间观念，让严格的时间观念成为孩子生活和学习的好习惯，用时间管理来预防和克服孩子的拖延症。

家长必须要让孩子认识到时间是世界上最宝贵的财富，要让他们明白珍惜时间就是珍惜生命的道理。日常生活中，家长可以试着给孩子讲一些古往今来成功人士珍惜时间的故事，还可以在孩子的卧室里张贴一些名言警句来提醒他们。家长要利用平时的机会跟孩子一起讨论拖延的害处，必须要让孩子明白，拖延是有害终生的坏习惯。一个做事拖延的人会白白浪费许多时间，这样的人不仅做事效率极低，将来还会被社会所淘汰。

在美国的一个小镇上有一个叫作丹尼斯的人。在 20 岁时，他离开了家人和亲友去堪萨斯州闯荡。当时他只拥有一条小船。通过他的不懈努力，丹尼斯终于有所成就，实现了自己要给家人生活带来改善的梦想。

关于自己的奋斗历程，丹尼斯跟别人提起最多的一句话就是：“不要往后拖延，把帽子扔过栅栏。”这是他的父亲在他小时候常常教导他的一句话，意思是：当你面对一道难以翻越的栅栏并准备退缩时，先把帽子扔到栅栏的另一边，这样你就不得不强迫自己想尽一切办法越过这道栅栏取回帽子，而且不管你多么忙，你都会立即安排时间来做这件事。他告诉丹尼斯，如果你不得不做一件事的时候，你只有一个选择，那就是马上动手去做。正是这种对待生活和时间的态度，让丹尼斯在最初的困境中始终坚持不放弃，并最终取得成功。

我们在生活中总有一些早就应该去做却一直拖着不去做的事情，尽管这些事情可能已经影响了我们的生活，但我们仍会找一个借口，“先玩一会，以后再做”，或者“时间还长，不着急做”。没有目标就没有动力，没有动力就没有做事的效率，而这就是孩子做事拖拉的主要原因。

研究表明，孩子做事拖延，可能主要有以下几个原因。

一是孩子对所做的事情没有兴趣，也就难免会心不在焉，拖沓散漫。

二是孩子注意力集中的时间短。研究发现，5~6 岁的孩子注意力能集中 10 分钟左右，7~8 岁的孩子可以坚持 15 分钟，上小学高年级的孩子也只能维持 20~30 分钟，再加上易被新异刺激“抢”走注意力，所以孩子很难专注去做一件事。

三是孩子年纪尚小，本来就不懂得做事的正确方法，缺乏合理安排事情的能力。

家长要学会根据孩子年龄特点主动去培养他们的注意力，让孩子认识到拖延给自己和家人会带来哪些不好的后果。

此外，家长还可以试着跟孩子一起制订生活日程表，记录其每天穿衣、盥洗、吃饭、写作业等活动所用的时间，一段时间后翻看记录对比下所用的时间是否已经发生了变化。通常来说，这种量化的直观对比更容易让孩子为自己的进步而高兴，从而主动加快自己的做事速度，时间观念也会因此而增强。

在家长督促孩子摆脱“拖延症”的过程中，需要注意的是：如果你在督促孩子不要拖延，请一定让孩子尝到拖延带来的后果。大多数家长容易犯的错误是，一边提醒孩子拖延会导致时间不够用，一边帮孩子加快进度，这样会让孩子失去独自承受拖延后果的机会。通常来说，孩子只有尝到拖延的后果，才知道拖延的严重性，才会吸取教训，从而在日后的学习生活中不再犯同样的错误。

之所以强调要孩子杜绝拖延的坏习惯，是因为拖延一旦形成习惯，会给孩子今后的人生道路带来巨大的负面影响。但需要注意的是，孩子出现磨蹭、拖延是很普遍的现象，家长不能操之过急，只要给孩子足够的耐心和时间，久而久之便可养成良好的习惯。

学习有头有尾，不能纵容孩子的半途而废

爱孩子是父母的天性。这份爱中不仅要包含理智与宽容，更应松紧有度，要为儿女们在“可以”和“不可以”之间划一条清楚的界限，使他们的行为有章可循。

由于年龄和心智发育的局限，孩子的行为通常具有较大的随意性，往往是好奇心很强，兴趣爱好广泛，但却缺乏持续性、自制力差；做事总不能专心，常常半途而废。要知道，持之以恒的态度其实关系到一个人的责任心，而这恰恰是很多孩子所缺失的。

美国著名学者安东尼从他亲自策划和主持的研究中整理和归纳了美国 500 家大企业创立人成功的要点和原则，其中有一条就是，坚持到底最为重要。这也就是说，要“完成一件事情”必须要有始有终，如果半途而废的话，只会自食其果。

对于孩子来说，学习同样也是如此。我们不妨先来看一个小故事：

古时候有个叫乐羊子的人，他告别家人外出求学，并发誓一定学有所成再回来。一年后，乐羊子回到家中，妻子问他为什么这么快就回来了。乐羊子说：“出行在外久了，心中想念家人，没有别的特殊的事情。”妻子听后，就拿起刀快步走到织机前说道：“这些丝织品都是从蚕茧中生出，又在织机上织成。一根丝一根丝地积累起来，才达到一寸长，一寸一寸地积累，才能成丈成匹。现在如果割断这些正在织着的丝织品，那就会丢弃成功的机会，延长织布的时光。你要积累学问，就应当‘每天都学到自己不懂的东西’，用来成就自己的美德；如果中途就回来了，那同切

断这些丝织品又有什么不同呢？”乐羊子听了妻子的话很是羞愧，他又一次告别妻子外出求学，七年都没回家，最后终于有所成就。

这个故事其实是在告诉人们，要想学有所成，必须要有坚强的意志力和持之以恒的态度。在学习上，家长也要让孩子明白这个道理。通常来说，孩子的好奇心很强，兴趣爱好也很广泛，但是缺乏耐性和自制力，遇到一点困难和挫折就容易打退堂鼓，不愿意再坚持下去。这虽然是大多数孩子在成长中普遍存在的问题，但是家长一定不要忽视这一细节，要在日常生活中教育孩子做事情要有始有终、坚持到底。

作为家长一定要明白，孩子在成长的过程中因为环境的原因存在着各种差异，做事情常常会出错，这些情况都是正常的。父母在教孩子做事的时候，一定要有耐心，决不能因为孩子叠不整齐床铺、整理不好书桌、没有洗干净袜子或动作慢就帮着孩子去做。要知道，孩子做事情要有始有终，这种观念就是在不断的实践体验中获得的。无论是学习还是做其他事情，如果孩子做不到有始有终，那么他们就得不到这种持之以恒的心理体验。

在学习上，有些父母过于看重考试成绩，在孩子偶尔考差成绩时，便对孩子进行责备和埋怨，或者为了节省时间而横加干涉，这非但不能增强孩子的责任意识，还会使他们的积极性大受打击，养成做事情虎头蛇尾的坏习惯。为了避免这种情况的发生，平时交给孩子的任务，不管事情有多小，家长都要督促、检查，并对事情的结果进行评价，以便培养孩子认真负责、持之以恒的好习惯。

当孩子在学习上遇到困难或者表现出吃力的情况时，家长要多鼓励孩子，比如及时与孩子交流、协商，制订合理的学习计划。当孩子不肯严格遵循制订的计划时，父母就要态度坚定地督促孩子做好，不要妥协迁就。但需要注意的是，如果孩子在最初的执行过程中，觉得难度过大且难以坚持时，家长可以根据孩子的实际承受能力调整计划的实施情况，在降低难度水平之后让孩子看到自己努力的效果，鼓励他继续努力。

要求孩子经常总结，建立学习的“检修站”

一向不喜欢学习的雯雯，自从小学升入初中后学习态度积极了很多，甚至在期中考试后被老师评为“优秀进步生”。这让雯雯妈妈所在的家长群的家长们非常羡慕，大家纷纷向雯雯妈妈讨教教育秘诀。雯雯妈妈说：“孩子以前不愿意学习，总感觉学习时漫无目的，缺乏逻辑性，我想可能是因为她没有找到好的学习方法。后来，我开始要求她每天晚上温习一遍课本，对照一次学习笔记，检查一遍作业，最后再总结一下学习方法，逼着她养成阶段性总结和复习的学习方法。开始的时候，雯雯很不乐意，不过渐渐地她发现这个阶段性的总结和复习的学习方法，对巩固所学知识十分有效。于是，她变得越来越主动，也再不需要我的督促了。”

相信每一位家长都会有这样的经验：孩子在学习过程中，经常会遇到一些不知道该如何下手的难题。孩子觉得题目很难，但是进一步分析却发现题目并没有超出所学的范围。这是为什么呢？解题的关键在哪里？

其实引发这类问题的关键在于，孩子对已学过的基础知识掌握得还不够系统化、不够灵活，不知道该如何去综合运用头脑中的知识。那么，如何去把学到的知识学以致用呢？办法有很多种，综合孩子的情况来说，效率最高的办法，还是让孩子学会做阶段性的总结。定期对自己所掌握的知识进行回顾和总结，这其实是一个消化和融会贯通的过程。大多数时候，通过这种综合知识的方法，孩子就能把自己所掌握的知识点串联起来。

这种勤总结、勤巩固的学习方法还有另外一层好处——当孩子归纳总结出一段时间学过的内容时，也就加深了他们对重点和难点知识的理解。经过不断地积累经验和训练思维，孩子会在这个过程中获取到更多的成就感，这样一来，学习起来自然就有动力了。

这种阶段性自我总结的学习方法能够弥补孩子在学习方面的不足。因此，家长一定要重视对孩子这种学习方法的引导和培养，让孩子在日常的学习中不知不觉地形成习惯。具体来说，家长在日常辅导孩子学习的过程中要做到以下几点：

首先，要让孩子明白“总结”这两个字在课程学习方面的具体内涵。

比如给孩子出一些需要总结的大题目，让孩子自己在回忆知识点的基础上，将有关知识串联起来。或列提纲，或分类列表，或列结构框图，整理材料。在整个过程中，找资料并不难，难的是让孩子在各种资料之间弄清知识结构，找出内在联系。

这样的方法，不仅能让孩子获得全面、系统的知识，而且在这个过程中可以引导孩子形成自己的学习思路。对孩子来说，能自由发挥的学习方法是非常有吸引力的。

其次，要让孩子在学习过程中定期对自己的学习情况进行“检修”。

有位家长讲过这样一件事：他读初二的孩子暑假要完成一份自选作业。他为了锻炼孩子的总结和组织能力，给孩子定的题目是《中国的孔子文化》。当时孩子的爸爸并不觉得孩子能完成这份作业，孩子才上初中怎么可能写好这么深刻的作业呢？但是，孩子的爸爸还是陪着孩子一起搜集资料、整理总结，把整理出来的各种信息和知识糅合起来。最后的成果竟然超出了这位家长的预期——孩子把相关的知识点总结得相当全面，而且把内容按照一定逻辑关系分列出了章与节，并在最后列出了相关的参考书目。文章思路清晰而且文字缜密，让老师都颇感意外。

在学习过程中勤于总结其实也是对孩子自身学习效果的一个评估。这种评估方式同时也是一个巩固知识的过程，不仅能够让孩子掌握做阶段性总结的方法，还可以让孩子更好地认识自己、评价自己的学习情况。这种总结的方式，其实就相当于一个“检修站”，让孩子在学习过程中定期对自己的学习情况进行详细的“检修”，从而发现不足，及时修正。

当然，这种阶段性的总结和学习评估是一项多容量、多项目、多功能的评估，需要孩子用心去做，家长用心去监督。其中包括，孩子是否能够按要求进行预习；上课时是否认真听讲，积极思考，踊跃发言；作业是否能按时独立完成；遇到疑难问题是否能想方设法解决等各个方面。

最后，帮孩子建立一个自我总结表格。

家长们最好能够帮助孩子提前建立一个自我总结表格，即把评估项目制成表格，让孩子针对自己的执行情况给自己打分。每次自我总结后，父母要及时评阅，并对孩子自我总结的结果进行分析，指出孩子目前存在的问题，提出今后改进的意见，给孩子以切实的指导。

自我总结能使孩子及时地发现自己的优点和缺点，从而做到扬长避短，最大限度地发挥自己的潜能。

引导自我反省，让试卷上的错误变得有价值

相信有很多家长在拿到孩子试卷时都会有这样的体验：“怎么就这么不长记性呢？明明是几天前刚刚做错的题，这次考试居然错的还是这道题，真拿他没办法。”在学习中，孩子的错误一犯再犯，是令很多家长都大伤脑筋的一件事情。不过，从另外一个角度来说，这些孩子容易做错的题也有其价值所在。只要我们能够加以统计和整理，就能有针对性地、有意识地帮助孩子改正错误。

今年上初中二年级的贝贝，在参加全市数学竞赛时考了满分。说起自己的学习秘诀，贝贝搬出厚厚的一摞本子说：“我只是一直坚持建立错题本，把自己的错题都总结在上面。尤其是重要考试的错题本，我更是倍加珍惜。每次考前复习，我都会把这些错题看一遍，认真反思，可以更准确地认识到容易出错的知识点和概念，从而迅速地提高了学习成绩。”

可见，让孩子重视试卷上的错误，整理错题本并且认真反思，不只是为了改正错题，而是将这些容易错的知识点积累起来，作为前车之鉴避免再犯类似的错误。

可以说，错题本就像是孩子的百宝箱。用这些本子去复习，孩子不仅不会感到疲劳和厌烦，相反，对易错点的巩固和强化记忆，无疑给孩子提供了一条学习的捷径。省时省力，学习效率自然就提了上去。这是任何资料都无法比拟的。

也许会有家长质疑错题本的作用，不敢相信做错的习题抄一遍就能起到如此大的作用。要知道，错题本可不单单是把做错的习题抄一遍那么简单。从本质上来说，错题本就是易错题的汇总，让所犯错误更加直观化，让孩子可以经常把这些易犯的

错误拿出来认真反省，以便日后查漏补缺，避免错误的再次发生，这对于提高他们的学习成绩是非常有效的。

需要注意的是，家长在引导孩子完善错题本的过程中，一定要制订出符合孩子学习习惯的错题本记录方式。通常来说，最简单的错题本方式就是订正型，即将所有做错的题目都抄下来，并做出订正。

同时，家长还要引导孩子认真反思错题的原因所在，以便让孩子加深印象并逐步形成解题能力。如果此题有多种解题思路，家长可以建议孩子在旁边用另一颜色的笔把几种解法的简要思路都写上。这样不仅可以加深孩子对错题的印象，还能帮助孩子从错误中归纳和总结规律，思考改进方法。

还有很重要的一点是，孩子整理完错题本以后千万不能束之高阁，家长一定要督促孩子时常拿出来归类、分析、复习，最好随时携带。错题本不是"集中营"，不是"冷宫"，不是把做错的习题整理完就可以放之脑后，从此不理了。相反，错题本需要被孩子不断地翻阅、浏览。尤其在空闲时间和考前复习时，让孩子把以往犯的错误重新反思一下，容易出错的题目甚至可以拿出来再重新做一遍，才能起到提醒自己，达到以后不再犯同类错误的目的。不断地反思错误，才能取得长足的进步。

孩子试卷上的错误需要让他们定期筛选、总结并及时反思。这个过程是再学习、再认识、再总结和再提高的过程，可以使孩子对知识的理解更加深刻、掌握更加牢固、运用更加灵活。对于学习任务繁重的孩子而言，由于做题量大大增加，如果没有定期复习，错题本很难起到应有的作用。

总而言之，孩子试卷上的每一处错误都是非常重要的，不仅孩子要重视，家长更要重视。在辅导孩子学习的过程中，家长要去引导孩子对每一处错误进行总结和反思，让孩子发现并改进自己在学习上的不足之处，用建立错题本的方式去定期反思。家长要督促孩子认真规范地建立起自己的错题本，用心去改正每一道做错的习题，日后经常翻阅。持之以恒，孩子必将受益。